4.7.1995

Hauptschule Köstendorf
Bittersam-Str. 1   5203 Köstendorf
Tel. 06216/5900 FAX Dw. 4   SKZ 503222

Das illustrierte Buch der PFERDE

JAMES KERSWELL

Das illustrierte Buch der
PFERDE

James Kerswell

STEDTFELD

Titel der Originalausgabe
The complete book of horses

Deutsche Erstausgabe
Aus dem Englischen von Werner Peterich
© 1993 Colour Library Books Ltd., Godalming, Surrey, England
All rights reserved
© der deutschen Übersetzung 1993
by Stedtfeld Verlag, GmbH, Rastatt
Textbearbeitung: Claus Keller
Umschlaggestaltung: Steinkämper Grafikdesign, Münster
Printed in Hong Kong
ISBN 3-86185-103-2

Oben: *Diese mit Funktelefonen ausgerüsteten, modernen Cowboys aus Nevada machen gerade Pause, nachdem sie wildlebende Mustangs zusammengetrieben haben. Einige der Wildpferde werden künftig als Reittiere dienen. So wird der natürliche Bestand reduziert, und die übrigen haben es leichter, in ihrer unwirtlichen Umwelt zu überleben.*

Vor- und Nachsatz: *Stolz blicken die beiden schweren Kaltblüter: ein Belgier und der Shire mit seiner charakteristischen Blesse.*

Schmutztitel: *Geduldig läßt sich das Kaltblut, ein Clydesdale, die Beine waschen.*

Haupttitel: *Der römische Herrscher und sein Pferd in perfekter Harmonie.*

Inhalt

Das Pferd in der Geschichte 10

Abzeichen und Körperbau 12

Lebenszyklus des Pferdes 22

Alle Formen, alle Größen 34

Gezielte Züchtungen 44

Die Qual der Wahl 54

Geschirr und Stall 66

Die Pferdepflege 76

Ausbildung und Training 86

Arbeit und Vergnügen 98

Unterhaltung für alle 110

Das Pferd in der Geschichte

Wie bei allen Lebewesen zieht sich auch die Entwicklung des Pferdes über einen langen Zeitraum hin. Man nimmt an, daß es Pferde seit rund 50 Millionen Jahren gibt, auch wenn das Pferd der Frühzeit seinen heute lebenden Nachkommen weder größenmäßig noch seinem Aussehen nach ähnlich sah: Es war rund 30 cm groß und sah mehr aus wie ein Hund, zumal es damals auch noch mehrere Zehen besaß. Untersuchungen von versteinerten Knochen haben jedoch ergeben, daß es zur Familie der Pferde gehört; diese Überreste wurden als Knochengerüst der frühesten Pferdeform, *Hyracotherium*, identifiziert, die gemeinhin *Eohippus* genannt wird. Nach diesen Vorzeitresten hat man eine ziemlich genaue Beschreibung der Wanderbewegungen dieser Pferde abgeben und festlegen können, woher sie stammen, wohin sie zogen, welchem Typ sie angehörten und in welchem Maße sie ihren Körperbau im Laufe der Jahrmillionen veränderten. Es gilt als sicher, daß ihr Körperbau sich den jeweils vorherrschenden klimatischen Verhältnissen anpaßte, und damit einer üppigen Vegetation oder einem eher kärglichen Pflanzenwuchs. In ärmeren und lebensfeindlicheren Gebieten kam es zur Entwicklung eines schnelleren Pferdetypus mit zarter Knochenstruktur. Diese Pferde mußten in kürzerer Zeit größere Entfernungen überwinden und waren gezwungen, den Gefahren der offenen Ebenen durch hohe Geschwindigkeit zu entkommen. Wo die Vegetation reicher war, fanden die dort lebenden Pferde mehr Nahrung und besseren Schutz, womit die Notwendigkeit entfiel, auf der Suche nach Futter lange Strecken zurückzulegen. Aus diesen Pferden entwickelten sich die größeren Typen. So entstanden aus den frühen Pferden nach und nach sehr unterschiedliche Formen. Beim Wald-Tarpan zum Beispiel handelt es sich um einen kleinen und gedrungenen Pferdetyp, der bis zum Mittelalter häufig

Oben: *Römisches Mosaik mit Darstellung eines Wagenlenkers samt Pferd. Wie die heutigen Jockeys trug der Wagenlenker die Farben seines Geldgebers oder Schirmherrn. Der Lederhelm schützte ihn vor den Peitschen anderer Fahrer.*

Rechts: *Standbild des römischen Kaisers Mark Aurel (121–180 n. Chr.). Pferde waren wichtig, weil sie den General oder Anführer über seine Truppen erhoben und er sich so schnell einen Überblick über das Schlachtfeld verschaffen konnte.*

Links: *Das Aussehen des Przewalski-Pferdes hat sich praktisch über die Jahrhunderte unverändert erhalten. Freilebend gilt es als ausgestorben, doch gibt es langfristige Zuchtpläne, die zum Ziel haben, es wieder in die Freiheit zu entlassen.*

Das Pferd in der Geschichte

in den europäischen Waldgebieten anzutreffen war; der Steppen-Tarpan, ein größeres und kräftigeres Tier, hat bis ins 19. Jahrhundert hinein überlebt, ist aber heute in seiner ursprünglichen Form ausgestorben. Das einzige echte Wildpferd, das es heute noch gibt und das genauso geblieben ist wie seine Vorfahren, ist das Przewalski-Pferd, das man in Freiheit zuletzt in den Bergregionen der Wüste Gobi gesehen hat. Das Pferd spielte eine bedeutende Rolle im Leben unserer Vorfahren und hat bis ins 20. Jahrhundert hinein dazu beigetragen, die Lebensweise des Menschen zu bestimmen und zu verändern. Von den frühesten Felsmalereien sowie von Kleinplastiken, Bildern und Töpferwaren, die bis weit in die alten Kulturen Ägyptens, Roms und Chinas zurückgehen, wissen wir, wozu das Pferd gedient hat: Als Lasttier war es der Freund des Ackerbauern und als Reittier der des Kriegers. Auch die sportlichen Möglichkeiten des Pferdes sind nicht übersehen worden. Viele Arten von Wettkämpfen unserer Zeit haben sich ziemlich unverändert erhalten aus den Zeiten, da etwa die Römer bei Wagenrennen Wetten abschlossen oder japanische Krieger hoch zu Roß ihr Können als Bogenschützen miteinander maßen. Sorgfältige Zucht und Kreuzungen haben das Pferd im Lauf der Geschichte verfeinert und verändert – von den massigen Schlachtrössern des Mittelalters, die einen Ritter samt schwerer Rüstung tragen mußten, bis zu den außerordentlich lebhaften, schnellen und eleganten Rennpferden unserer Zeit.

Unten: Vasenmalerei aus der geometrischen Periode, 800 v. Chr. Das Gefäß steht in der Nähe seines Fundortes im Argos-Museum in Griechenland. Obwohl hier deutlich erkennbar ein Pferd wiedergegeben ist, hat der Künstler seine Merkmale leicht übertrieben dargestellt.

Links: Reiterturniere mit Lanzen finden heute ausschließlich zur Unterhaltung von Teilnehmern und Publikum statt und werden meist in Verbindung mit irgendwelchen anderen Scheinkämpfen oder historischen Aufzügen ausgetragen. Früher waren diese Kämpfe blutiger Ernst und endeten häufig mit dem Tod der rüstungtragenden Ritter.

Rechts: Nordamerikanische Indianervölker bildeten sich auf ihren schönen Schilden ab, wie sie hoch zu Roß gegen ihre Feinde kämpfen. Es galt in vollem Galopp Pfeile abzuschießen, ohne dabei das Gleichgewicht zu verlieren.

Abzeichen und Körperbau

Wer sich ein Pferd anschaffen möchte, sollte beim Kauf vor allem auf zwei Dinge achten: Farbe und Körperbau, wobei der Körperbau wichtiger ist und zusammen mit der körperlichen Verfassung eines Pferdes viel über die Eigenschaften und Leistungsfähigkeit verraten und auch viel über seine Rittigkeit aussagen kann. In Anbetracht von Alter und Stärke des zukünftigen Reiters ist natürlich auch die Größe wichtig. Man ist gut beraten, das Pferd aus ein paar Schritt Entfernung kritisch zu betrachten und es dabei im Geist in drei Teile zu unterteilen: Kopf, Hals und Schultern bilden den ersten, die sogenannte Vorhand; Rücken, Bauch und Rippenpartie den Mittelhand genannten zweiten und der Hinterschenkel samt Schweif schließlich den letzten, die Hinterhand. Jeder dieser Teile sollte ausgewogen und gesund sein, der Kopf wohlgeformt, der Hals von kräftiger Muskulatur, aber weder zu kurz noch zu lang, die Augen klar, der Blick kühn, das Maul breit, aber fest, die Ohren nicht lang, aber wach – sie sollten sich, wenn sie ein unvertrautes oder plötzliches Geräusch hören, nach vorn stellen.

Schultern und Beine sollten in einem ausgewogenen Verhältnis zueinander stehen und unter der Felldecke keinerlei vorstehende Knochen aufweisen. Der Rücken sollte glatt sein und zur Kruppe hin leicht ansteigen, zwischen Schultern und Gurtenlage viel Platz für gute Lungen und ein kräftiges Herz bieten. Man achte auf einen hohen Ansatz der Schweifrübe sowie auf einen kraftvoll-festen Ober- und Unterschenkel. Beine und Füße sollten in einem guten Verhältnis zueinander stehen und überhaupt zum übrigen Körper passen, damit das Tier beim Führen oder Reiten einen sicheren Tritt aufweist.

Die Abzeichen fallen bei jedem Pferd anders aus. Einen weißen Flecken zwischen den Augen nennt man „Stern"; zieht dieser sich als schmale Linie über das Gesicht, ist das eine „Blesse"; eine durchgehende breite Blesse nennt man „Laterne", ist jedoch das ganze Gesicht überwiegend weiß, nennt man das Pferd ein „Weißgesicht". Die genannten Abzeichen sind bei dunklen Pferden selbstverständlich auffälliger als bei einem hellen. Die Fachausdrücke für die weißen Abzeichen an den Beinen der Pferde sind leicht zu erklären. „Krone" etwa nennt man die weiße Behaarung überm Huf, die sich die ganze Fessel bis zum Kötenzopf hinaufziehen kann. Geht dies Abzeichen bis zur Vorderfußwurzel- oder zum Sprunggelenk oder womöglich noch weiter hinauf, spricht man von einem „Stiefel". Die schönen Pintos, die man entweder *piebalds* (schwarz-weiß gescheckt) oder *skewbalds* (braunweiß gescheckt) nennt, waren besonders bei den nordamerikanischen Indianern beliebt. Diese Pferde nennt man bisweilen *paint horses* (Farben-Pferd), weil sie aussehen, als hätte man sie mit Farbe bekleckert. Heute, nach generationslangen Züchtungen, gibt es zahllose Variationen von Farbe und Tönung des Fells. Es geht von Schwarz über viele Schattierungen von Falbfarben bis Weiß; wofür wir uns letztlich entscheiden, ist eine Sache des Geschmacks. Die Fellfarbe eines Pferdes hat mit Temperament und Leistung des Tieres nicht das geringste zu tun.

Links: *Percherons sind eine sehr schwere und kraftvolle Rasse. Die Mähne dieses Pferdes ist adrett gekämmt und die Felldecke gestriegelt, bis sie glänzt.*

Rechts: *Die Abzeichen der Appaloosas gehen von leopardenartiger Sprenkelung bis zu ausgedehnterer, einheitlich heller Unterfärbung mit Flecken obendrauf.*

Abzeichen und Körperbau

Die äußeren Körperteile des Pferdes

Oben: *Angloaraber. Das Schwarz von Mähne, Schweif und Stiefeln kontrastiert deutlich mit der braunen Körperfarbe. Auf der Stirn sitzt ein Stern, der in eine Blesse übergeht. Diese edle Rasse entstand durch die Kreuzung Englischer Vollblüter mit Arabern. Die einzelnen Körperteile sind mit den anerkannten Fachausdrücken bezeichnet. Die Größe von Pferden wird traditionellerweise mit dem „Stockmaß" angegeben, der mit dem Meßstock gemessenen größten Rumpfhöhe – gemessen von der unteren Hufkante des Vorderbeins in gerader aufsteigender Linie bis zur Höhe des Widerrists. Die englische Maßeinheit heißt „hand".*

Die Farben des Pferdes

Eine Reihe von Farbbezeichnungen haben eine besondere Bedeutung, wenn sie auf Pferde bezogen werden:

Brauner: Das Fell ist braun bis rotbraun in verschiedenen Schattierungen. Das Langhaar, d.h. Mähne und Schweif, ist im Gegensatz zu den Füchsen immer schwarz.

Cremello: Ein weiß geborenes Pferd mit blauen Augen.

Falbe: Die Grundfarbe ist creme bis hellbraun, das Langhaar schwarz oder dunkelbraun.

Fuchs: Braunes bis rotbraunes Fell mit vielen Schattierungen und gleichfarbigem oder hellerem Langhaar (siehe Brauner).

Isabelle oder **Palomino:** Cremefarbenes bis hellbraunes Fell mit stets hellem Langhaar.

Rappe: Das Fell und das Langhaar sind schwarz, beim Fell oft in einem leichten Braunton.

Schecke: Das Fell hat großflächige, unregelmäßig geformte, farbige Flecken.

Schimmel: Weißes bis grauweißes (Grauschimmel) Fell. Sie werden mit farbigem Haar geboren und erst im Lauf der Jahre weiß.

Tigerschecke: Das Fell ist mit kleinen, rundlichen Flecken gepunktet.

Abzeichen und Körperbau

Rechts: Ein hell-fuchsfarbener Araberhengst. Diese Pferde sind berühmt für ihre Schnelligkeit und Ausdauer, ihr sanftes Wesen und gutes Aussehen. Das macht sie in der Welt der Pferdezüchter sehr begehrt. Man kreuzt sie in andere Rassen ein.

Unten: Auf karger Halbsteppe in Rußland grasende Akhal-Teké Herde. Akhal-Tekés sind keine besonders großen Pferde, sie haben nur ein durchschnittliches Stockmaß von 153 cm, dafür sind sie sehr ausdauernd und äußerst lebhaft. Ihr grau-braunes, graues oder braunes Fell weist einen schönen warmen Glanz auf.

Oben: *Auch diesen Pinto könnte man seiner auffallenden Abzeichen wegen ein Farben-Pferd nennen. Der Name „Pinto" zielt auf die Farbe des Pferdes ab; jedes Pferd oder Pony kann als Pinto bezeichnet werden; es wird damit keine eigene Zuchtform oder Rasse bezeichnet. (Auch der goldfarbene Palomino wird manchmal fälschlich für eine Rasse gehalten.) Es gibt zwei Typen von Pinto-Pferden – die braun-weiße Art wird „skewbald" genannt, die schwarz-weiße „piebald". Bei Kostümvorführungen zu Pferde bieten Pintos häufig einen atemberaubenden Anblick; ihre scheckige Zeichnung wird praktisch zu einem nicht davon zu trennenden Teil des Kostüms, kann aber auch von den Fehlern ablenken, die der Reiter macht.*

Links: *Die bildschönen und eleganten Andalusier sind bekannt für ihre fließenden Bewegungen und finden als zweite Rasse Verwendung in der berühmten Wiener Spanischen Hofreitschule. Dort führen sie eine „Kapriole" genannte Dressurbewegung aus, bei der das Pferd aus dem Stand in die Höhe springt und dabei auf phänomenale Weise nach hinten ausschlägt.*

Abzeichen und Körperbau

Rechts: Das hier ist das hinreißende Beispiel eines französischen Percheron. Percherons sind entweder schwarz oder grau und weisen keine so stark ausgeprägten Kötenzöpfe auf wie andere schwere Pferderassen. Wie man sieht, ist dieses Pferd in ausgezeichneter Verfassung. Bei der ausgeprägt muskulösen Hinterhand und den kräftig aussehenden Schultern ist es kein Wunder, daß diese Rasse bei den Ackerbauern berühmt war wegen ihrer schieren Zugkraft, wenn es galt, vor einen Wagen gespannt zu werden, schweres Arbeitsgerät zu ziehen oder mit Muskelkraft den Acker zu pflügen. Heute werden Pferde dieser Art in der Landwirtschaft nicht mehr benötigt, und so tauchen sie nur noch auf besonderen Pferdeschauen oder Vorführungen auf der ganzen Welt auf. Es erfüllt mit Trauer, daß solche Pferde heutzutage im allgemeinen nur noch ihrer Fleischqualität wegen gezüchtet werden.

Links: Zwei Traberfohlen. Später werden sie auf der Rennbahn Furore machen; denn diese Rassen werden seit Ende des 18. Jahrhunderts für Trabrennen gezüchtet. Dem Aussehen nach ähneln sie Vollblütern.

Unten: Der lebhafte Bretone ist eine gutmütige Rasse, die vorzügliche stämmige Zugpferde abgibt. Obwohl muskelbepackt, sind Bretonen nicht besonders groß und erreichen nur ein Stockmaß zwischen 1,45 m und 1,65 m. Die meisten Bretonen sind Rotschimmel.

Rechts: Die stolze Haltung dieses Reitpferds mit der klassischen braun-weißen Skewbald-Pinto-Scheckung ist typisch für den äußerst feurigen Stil des amerikanischen Plantagen-Pferdes, das sich im Südosten der Vereinigten Staaten größter Beliebtheit erfreut. Die Zeichnung auf der Felldecke nennt man „Tobiano".

Abzeichen und Körperbau

Links: Karges Futter, harte Lebensverhältnisse und Inzucht zum Zweck der Reinerhaltung des Typs haben der ausgezeichneten körperlichen Verfassung des reinrassigen Arabers von heute offensichtlich nichts anhaben können. Die kleinen, aber ausdauernden und widerstandsfähigen Araber waren einst kostbarer Besitz der Beduinenstämme. Heute stellen sie den Eckpfeiler der meisten hochgezüchteten Reitpferde in der westlichen Welt dar. Vor allem drei Typen von Arabern lassen ihre Ursprünge auf die vorzüglichen Reittiere der Beduinen zurückverfolgen: der Muniqi ist im allgemeinen mager bis ausgemergelt und für Schnelligkeit vorbestimmt; der weitaus muskulösere Kuhaylan besitzt außerordentliche Ausdauer und Kraft; wohingegen der zartere Saqlawi seines eleganten und geradezu anmutigen Körperbaus wegen gerühmt wird.

Oben: Der wildlebende amerikanische Mustang wird manchmal Cayuse, doch in Amerika zumeist Bronco genannt. Dies waren die ersten Cowboy-Pferde, die auf den großen Ebenen zum Treiben der Rinderherden verwendet wurden. Heutzutage sieht man sie häufiger in der Arena beim Rodeo, wo die Cowboys und andere, die bereit sind, ihr Glück zu wagen, auf ihren bockenden und leicht den Reiter abwerfenden Tieren Geschicklichkeit und reiterliches Können beweisen. Leider werden die Mustangs – abgesehen von den Rodeos – nicht mehr gebraucht, und die Zahl ihrer wildlebenden Vettern ist drastisch zurückgegangen. Die wildlebenden Mustangs sind im Laufe der Jahre gejagt und abgeschossen worden, weil das Weideland für die Rinderzucht gebraucht wird, aber auch weil sie eine gute Quelle für Hundefutter waren.

Abzeichen und Körperbau

Links: Das hinreißende Fell dieses falbfarbenen Palomino ist etwas ganz Besonderes. Der so lang wie möglich belassene Schweif, die Mähne und auch die Stirnlocke sind sauber gebürstet, damit die golden-falbe Farbe möglichst vorteilhaft zur Geltung kommt. Das hier abgebildete Pferd hat seines überragenden Aussehens und seiner vorbildlichen Pflege wegen die Aufmerksamkeit des Schiedsrichters geweckt.

Unten: Der hübsch geschnittene Kopf und das feste, breite Maul machen ein gutaussehendes Pferd aus. Seine gesunden Augen sind groß und rund und haben einen klaren Blick; die wachen Ohren zeigen nach vorn. Statt übers Gesicht herunterzufallen, sind Mähne und Stirnlocke säuberlich geflochten worden, was dazu beiträgt, das edle Gesicht des Pferdes hervorzuheben.

Links: Dieser helle Fuchs hat eine breite weiße Blesse, also eine „Laterne"; ein Abzeichen, das sich über den gesamten Nasenrücken und das Maul herunterzieht. Ein schmales weißes Band heißt „durchgehende Blesse"; der „Stern" ist ein weißes Mal auf der Stirn. Mit „Schnippe" bezeichnet man einen weißen Fleck zwischen den Nüstern.

Lebenszyklus des Pferdes

Wildlebende Pferde paaren sich im Frühjahr. So wird gewährleistet, daß der harte Winter nach der langen Zeit der Trächtigkeit vorbei ist und im Frühling für die Mutter und ihr Fohlen reichlich frisches Gras als Nahrung zur Verfügung steht. Entsprechend ist der natürliche Sexualtrieb eingerichtet. Die nötige Zunahme des Sexualtriebs zur rechten Zeit wird von einem FSH (follikelstimulierendes Hormon) ausgelöst, das von einer unmittelbar unter dem Gehirn gelegenen Drüse abgesondert wird. Ausgelöst wird der FSH-Ausstoß von einer ganzen Reihe von Faktoren, unter anderem durch die länger werdenden Tage im heraufziehenden Sommer. Auch die wärmeren Temperaturen und erhöhte Proteinwerte im üppig sprießenden Gras haben einen Einfluß. Das FSH gelangt über den Blutkreislauf des Pferdes in die Eierstöcke, wo es dafür sorgt, daß die winzigen Eier an Größe zunehmen. Bald danach wird ein weiterer, LH (luteinbildendes Hormon) genannter Wirkstoff produziert, der das vergrößerte Ei dazu bringt, sich aus dem Eierstock zu lösen. Wird die Stute in diesem Stadium der Ovulation von einem Hengst gedeckt und verläuft alles normal, wird das Ei befruchtet.

Im allgemeinen ovulieren Stuten etwa alle zweiundzwanzig Tage, d.h., sie stoßen alle drei Wochen ein Ei ab und könnten daher praktisch das ganze Jahr über befruchtet werden, doch stehen die Chancen, daß dies außerhalb der im Frühling gelegenen Paarungszeit passiert, dafür weniger gut, und zwar nicht nur, weil die Ovulationsperiode der Stute seltener eintritt, sondern auch, weil der Hengst nicht soviel Sperma produziert wie im Frühling. Um das ganze Geschehen besser an das Rennjahr anzupassen, haben Gestüte mit künstlich stimulierter Hormontätigkeit experimentiert und gute Ergebnisse damit erzielt. Das kann zum Beispiel dadurch geschehen, daß man die Stallungen beleuchtet, um die Anzahl der Stunden mit Tageslicht scheinbar zu vergrößern, die Ställe heizt und dem Futter proteinreiche Substanzen hinzugefügt. Wenn diese Methode auch nicht die gleiche Anzahl von Befruchtungen zeitigt, wie man sie mit Recht bei freilebenden Herden erwarten kann, ist das Resultat zufriedenstellend und liegt bei rund 70 Prozent der normalen Geburtsrate.

Zwillinge kommen bei Pferden selten vor, da der Uterus der Stute zu klein ist, um zwei Föten voll auszutragen. Infolgedessen kommt es zumeist zu Fehlgeburten. Nach einer Trächtigkeit von rund elf Monaten oder 340 Tagen bringt die Stute das Fohlen meist ohne fremde Hilfe zur Welt. Das Fohlen kommt mit den Vorderbeinen zuerst und ist in der Regel nach zwei Stunden imstande, auf allen Vieren zu stehen. Es beginnt auch bald zu saugen. Hat es sich nach einer Stunde noch nicht bewegt, stimmt irgend etwas mit ihm nicht. Der Beschützerinstinkt der Stute ist sehr ausgeprägt; sie erlaubt tagelang niemandem, in die Nähe des Fohlens zu kommen. Dieses kann ihr auf der Weide fast von Anfang an nachlaufen und nimmt auch fast vom ersten Tag an Gras zu sich, ist aber für die ersten drei Monate vornehmlich auf die Stutenmilch angewiesen. Nach etwa sechs Monaten kann ein Fohlen entwöhnt werden; dann ist es mit seiner neuen Umwelt recht vertraut und wird neue Freunde gefunden haben.

Oben: Die Stute behält das Fohlen in den ersten Tagen nach der Geburt dicht bei sich, um es an ihren Geruch und ihre Farbe zu gewöhnen.

Rechts: Eine Gruppe junger Welsh-Ponys. Auch wenn Fohlen Freundschaft mit anderen Pferden geschlossen haben, bleibt die Mutterstute am wichtigsten.

Lebenszyklus des Pferdes

Rechts: *Die meisten Pferdehalter erhoffen sich von einer guten Stute Nachwuchs, doch selbst einen Hengst zu halten ist für die meisten zu teuer. Die Deckgebühr ist unterschiedlich und richtet sich nach dem zu erwartenden Wert des Fohlens. Im allgemeinen wird die Stute daher zu einer Deckstation gebracht, wo die besten Einrichtungen und professionelle Hilfe gewährleistet werden. Hoch-Zeit für das Deckgeschehen ist der Frühling, doch könnte die Stute jederzeit trächtig werden, solange sie den Hengst willig annimmt (und das ist in jedem Zyklus rund fünf Tage der Fall) und einen besonderen Geruch verströmt, der den Hengst anzieht.*

Lebenszyklus des Pferdes

Oben: Das Deckgeschehen auf der Deckstation wird genau kontrolliert, um einen größtmöglichen Erfolg zu gewährleisten; denn die Dienste eines Hengstes können sehr teuer sein. Zu den Dienstleistungen von Deckstation und Gestüt können geheizte Ställe und ein proteinreiches Futter gehören.

Rechts: Anfangs merkt man der Stute kaum an, daß sie trächtig ist, doch nach etwa sieben Monaten schwillt ihr Bauch merklich an. Es ist wichtig, daß sie Extrarationen Futter bekommt und die ganze Trächtigkeit über gepflegt und gehegt wird. Das trägt dazu bei, daß das Fohlen gesund zur Welt kommt.

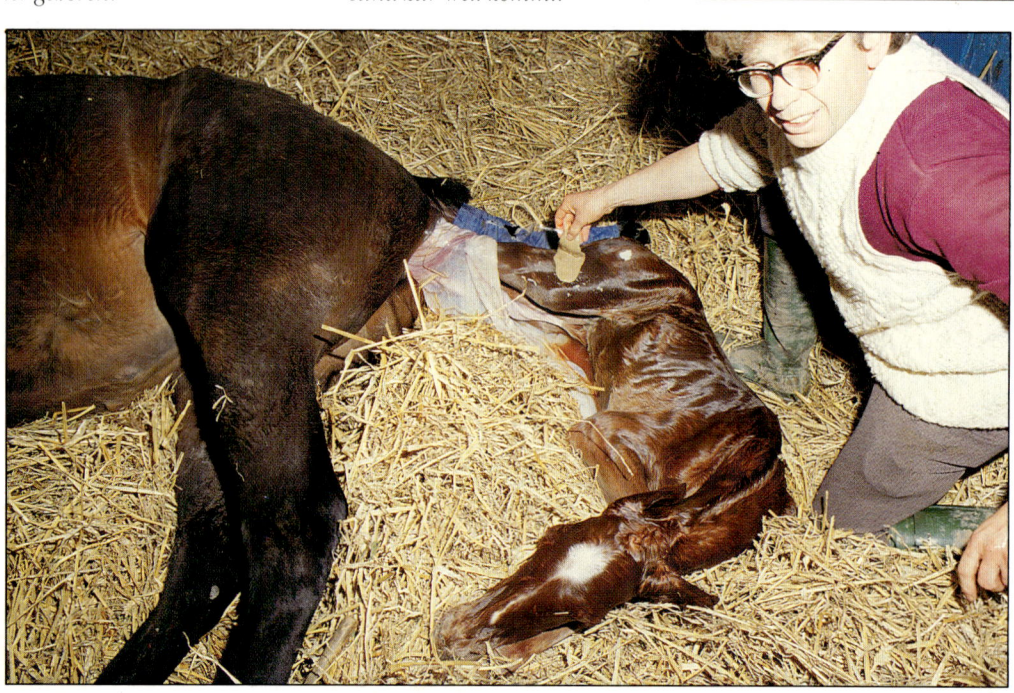

Links: Die meisten Fohlen kommen nachts zur Welt; die Geburt als solche dauert im Durchschnitt 20 Minuten. Die Stute liegt auf der Seite und preßt das Fohlen, das mit den Vorderbeinen zuerst erscheint, heraus. Die Beine können früh erscheinen, so daß man sich fragt, ob der Rest überhaupt jemals folgt. Manchmal dauert es Stunden, bevor die Stute hart preßt und das Fohlen austreibt. Ist erst einmal der größere Teil – Kopf und Schultern – draußen, folgt der Rest des Körpers mühelos. Sobald die Stute wieder zu Atem gekommen ist, fängt sie an, das Neugeborene sauberzulecken.

Rechts: Das neugeborene Fohlen müht sich fast gleich nach der Geburt ab aufzustehen und kann gewöhnlich nach etwa zwei Stunden völlig ohne fremde Stütze auf allen Vieren stehen. Es ist ein belustigender Anblick, wenn das Neugeborene dasteht und mit den Nüstern herumsucht und -stößt, denn es weiß instinktiv, daß seine Mutter es mit irgendeiner Art von Nahrung versorgt. Schließlich wird die Bemühung belohnt: Die Mutter hilft ihm, seinen Weg zu ihren Zitzen zu finden, um die erste, sogenannte Kolostralmilch zu saugen, die lebenswichtige Vitamine und Antikörper enthält.

Lebenszyklus des Pferdes

Lebenszyklus des Pferdes

Links: Auf vielen Gestüten werden die Fohlen nach etwa einem halben Jahr entwöhnt. Es stimmt, daß sie bis dahin, was die Nahrung betrifft, einen guten Start gehabt haben und einigermaßen unabhängig sind. Da es sich bei Pferden um wertvolle Haustiere handelt, wird man sich auch gut um sie kümmern. Psychologisch können Stute wie Fohlen die gewaltsame Trennung aber als durchaus schmerzlich empfinden und für eine Weile sehr darunter leiden. Unter natürlichen Gegebenheiten in freier Wildbahn säugt die Mutter das Fohlen bis zu drei Jahren und genießt seine Gesellschaft beim Umherziehen und beim Ruhen. Das geschieht jedoch nicht, wenn die Stute vorher wieder trächtig wird; nach der Geburt des neuen Fohlens vertreibt die Stute den Jährling, indem sie ihn immer wieder von sich wegstößt.

Links: Die Mutterstute säugt ihr Fohlen etwa ein Jahr lang; manchmal aber, wenn sie kein neues Fohlen bekommt, auch bis zu zwei oder drei Jahren. Das Fohlen grast glücklich neben ihr auf der Weide und schließt sich bereits nach wenigen Tagen anderen Fohlen seines Alters an. Fühlt es sich allein und verlassen, stößt es einen schrillen Ruf aus, auf den die Mutter mit einem tiefen, beruhigenden Grummeln antwortet.

Rechts: Diese Welsh-Ponies haben viel Freude an der Gesellschaft anderer Fohlen, auch wenn sie eingesperrt sind. Der Stall kann dem Einzelpferd jene Sicherheit bieten, die ihm sonst durch das Leben in der Herde vermittelt wird. Ein einzeln gehaltenes Pferd kann sich aber im Stall auch so sehr langweilen, daß dies später zu Verhaltensstörungen führt.

Unten: Junge Fohlen sehen mit ihren überlangen Beinen auf eine drollige Weise unbeholfen aus, man kann sich schwer vorstellen, daß dieses ungelenke Tier zu einem kraftvollen und ansehnlichen Vollblüter heranwächst. Mit den langen, staksigen Beinen und dem kurzen Hals kann ein Fohlen durchaus Schwierigkeiten haben, zum Grasen mit dem Maul den Boden zu erreichen. Fängt es erst einmal an zu grasen und weniger zu saugen, verlangsamt sich sein Wachstum; mit einem Jahr hat es ungefähr 80 % seiner endgültigen Größe erreicht. Doch bis zu seinem fünften Lebensjahr ist es nicht voll entwickelt.

Rechts: Lippizanerstuten mit Fohlen. Diese prachtvollen Schimmel werden insbesondere für die Spanische Hofreitschule in Wien gezüchtet, wo sie etwa sieben Jahre hindurch streng zu Dressurpferden ausgebildet werden. Intelligent und diszipliniert, wie sie sind, lernen diese Pferde zu springen, bei dem Kapriole genannten Schulsprung machtvoll mit der Hinterhand auszuschlagen und mit genau kontrollierten Bewegunsabläufen auf der Stelle zu traben. Diesen Trab in höchster Versammlung auf der Stelle nennt man Piaffe.

Lebenszyklus des Pferdes

Rechts: *Die Ausbildung der Pferde beginnt bereits zu einem sehr frühen Zeitpunkt. Man tut gut daran, das Fohlen von Anfang an, sobald es laufen kann, an eine liebevolle, aber feste Hand zu gewöhnen; es wehrt sich dann nicht mehr gegen die Führung, wenn man mit der fortgeschritteneren Ausbildung beginnt. Junge Fohlen, die viel Zeit im Stall verbringen, müssen viel bewegt werden; das junge Tier sollte sich daran gewöhnen, herumgeführt zu werden und sich im Freien auf der Weide zu tummeln. Das Stallhalfter gestattet, das Pferd herumzuführen und notfalls „im Zaum" zu halten. Um sicherzugehen, daß das Fohlen nicht springt oder läuft oder außer Kontrolle gerät, führe man es dicht am Kopf. Das beugt etwaigen Unarten wie Steigen oder Scheuen von Anfang an vor.*

Unten: *Das Stallhalfter ist zum Anbinden ebenso nützlich wie zum Führen des jungen Fohlens und erleichtert es dem Tier, später mit dem Zaumzeug fertigzuwerden. Das Halfter sollte regelmäßig dem Wachsen des Kopfes angepaßt werden.*

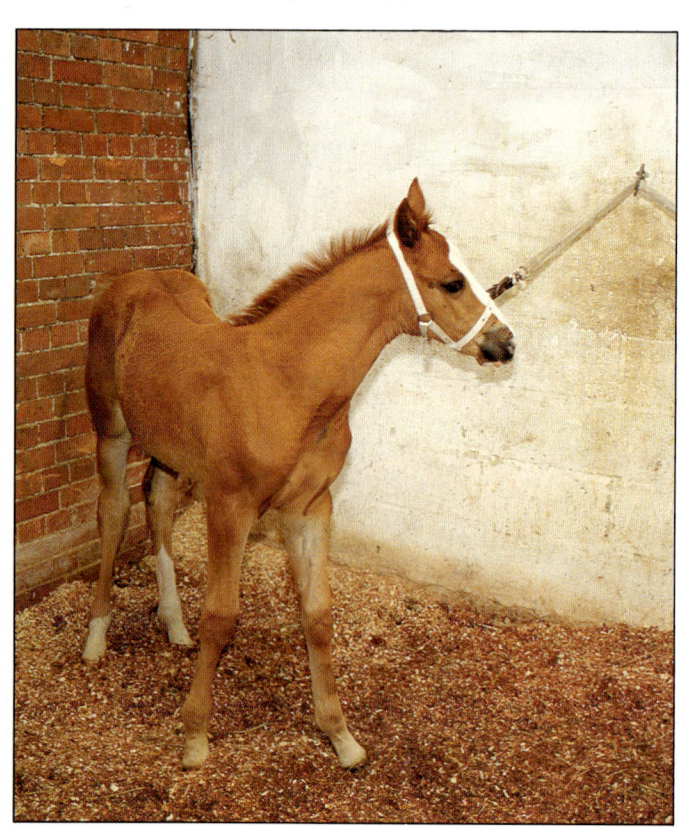

Lebenszyklus des Pferdes

Links: Lange bevor man damit anfangen kann, ein junges Pferd zu reiten, sollte man viel Zeit damit verbringen, es an der Longe gehen zu lassen. Schritt gehen – und später Traben – stärkt nicht nur die Muskeln, sondern auch Herz und Lunge. Zu Anfang genügen zehn Minuten; hat sich das Pferd erst daran gewöhnt, sollte man die Zeit langsam auf eine halbe Stunde pro Tag steigern. Es ist von größter Wichtigkeit, das Pferd während seiner gesamten Entwicklungszeit gründlich zu bewegen. Anfangs sollte man keinen Sattel auflegen. Damit beginnt man später, und wenn sich das junge Pferd daran gewöhnt, diesen auf dem Rücken zu tragen, kann man ihn nach und nach etwa mit kleinen Sandsäcken beschweren. Schließlich erträgt es einen Reiter auf dem Rücken. Das Longieren sollte weitergehen, um es dem Pferd zur Routine zu machen.

Oben: Den Herdeninstinkt haben alle Pferde; sie leben in einer Gruppe glücklicher als allein. Bei Wildpferdherden gibt es eine Leitstute, die die anderen Pferde zur Tränke und auf die Weide führt und deren Autorität niemals in Frage gestellt wird. Sie ist deshalb dafür verantwortlich, die anderen vor Gefahren zu schützen. Dieses Verhaltensmuster läßt sich auch in kleinen Pferdegruppen in der Gefangenschaft beobachten; eine genaue Rangordnung sorgt dafür, daß Pferde so gut wie nie gegeneinander kämpfen – ein warnendes Anstupsen genügt im allgemeinen, sollte ein Gruppenmitglied einmal aus der Reihe tanzen. Dies zu verstehen ist bei der Pferdeausbildung ein Schlüssel zum Erfolg. Der Besitzer muß einfach die Rolle des dominierenden Tieres übernehmen, was bei jenen Pferden leichter ist, die ziemlich unten auf der Rangleiter einer Herde stehen würden.

Alle Formen, alle Größen

Wäre man in früheren Zeiten für die Arbeit auf dem Bauernhof und im Krieg nicht auf schwere Rassen angewiesen gewesen, gäbe es mit größter Wahrscheinlichkeit diese großrahmigen und massigen Tiere gar nicht. Dafür ist der französische Percheron ein klassisches Beispiel. Percherons gehören zu den größten Pferden, die es überhaupt gibt; da jedoch Zugkraft und Stärke dieser Rasse in unserer Zeit nicht mehr sonderlich gefragt sind, dienen Percherons heute vornehmlich als Fleischlieferanten. Das gleiche gilt für eine andere französische Züchtung, den Boulonnais; was für ein schändliches Ende für eine Rasse, die einst dazu diente, Napoleons schwere Artillerie aufs Schlachtfeld zu bringen. Die meisten entwickelten Länder haben ihre eigenen schweren Pferderassen, die man hauptsächlich züchtete, um sie vor den Pflug zu spannen und andere schwere Arbeiten verrichten zu lassen. Obwohl diese Arbeit heute zumeist von Maschinen übernommen wird, gibt es immer noch Aufgaben, die am besten von Pferden bewältigt werden. In abgelegenen Bergregionen, in die man niemals mit Lastwagen und Traktoren kommen könnte, stellen Maultiere das einzige Zugangsmittel dar. In der Forstwirtschaft können Pferde schwere Baumstämme dort ziehen, wo Motorfahrzeuge nicht hinkommen oder nicht sicher wären, etwa auf gefährlichen Berghängen. Selbst in hochentwickelten Ländern gibt es Gemeinschaften, die ein gemächlicheres Tempo vorziehen und immer noch mit Pferden Ackerbau treiben. Außerdem sind da die langen Wasserwege überall auf der Welt; zwar sind heute viele Lastkähne und Kanalboote mit Motoren ausgestattet, doch das alte Treidelpferd, das unbeirrt am Wasser entlangtrottet, stellt immer noch eine sauberere, leisere und wesentlich weniger hektische Kraftquelle dar.

Am anderen Ende der Skala stehen die erstaunlichen Miniaturpferde und die kleinsten Ponys, von denen einige so winzig sind, daß sie unter der Hinterhand eines schweren Pferdeschlags Schutz finden. Wie ihre Riesenvettern hat man viele eigens gezüchtet. Das Falabella, das kleinste Pferd der Welt, wird ausschließlich wegen seines Wertes als Neuheit oder als Touristenattraktion gehalten. Etwas größer ist das allseits geschätzte Shetland-Pony, das einst in den Kohlebergwerken und in der Landwirtschaft ein nützliches Arbeits- und Zugtier war, heute jedoch das beliebteste Reittier für Kinder ist. Kräftig, robust und wirklich hübsch, wird das Amerikanische Reitpony eigens als Reittier für Kinder gezüchtet. Mit seinem relativ schlanken Aussehen und den reizvoll gescheckten Abzeichen sieht es mehr wie ein richtiges kleines Pferd aus. In Weltgegenden, wo Ödnis vorherrscht und das Leben hart ist, hat man kleine, untersetzte Ponys gezüchtet, die alle möglichen Arbeiten verrichten; sie sind abgehärtet und voller Energie, benötigen aber nur wenig Weide für ihre Ernährung.

Links: Ein Pony, das zum Reiten zu klein ist, kann doch sehr stark sein, und man kann viel Spaß mit ihm haben.

Rechts: Mit einem Stockmaß von 1,78 m im Durchschnitt ist das Shire-Pferd das größte Pferd. Früher diente es als Schlachtroß, und heute noch ist es für seine Stärke berühmt.

Alle Formen, alle Größen

Oben: Jütländer sind eine uralte dänische Zugpferdrasse. Im Mittelalter wurde es als Schlachtroß gezüchtet, das Ritter in schwerer Rüstung ins Gefecht trug; trotz seiner kriegerischen Vergangenheit ist der Jütländer wie die meisten anderen schweren Pferderassen von sanftem und gutmütigem Wesen. Für gewöhnlich sind Jütländer dunkle Füchse mit blonder Mähne und Schweif, einem großrahmigen, massigen Körper mit breiter Brust und gedrungenem Hals. Die lange, zottelige Behaarung hinten am Vorder- und Hintermittelfuß stellt ein Charakteristikum dieser Rasse dar; sie ist blond und paßt zu Mähne und Schweif. Als die wesentlich wendigeren Kavalleriepferde diese eher schwerfälligen Zuchtformen überflüssig machten, wurde der Jütländer zum beliebtesten Ackergaul in ganz Dänemark, später vorgenommene Einkreuzungen des English Suffolk Punch verbesserten seine Brauchbarkeit weiter.

Rechts: Der Trait du Nord ist bekannt für seine gewaltige Kraft, für seine Ausdauer, seinen Mut und seine Arbeitsbereitschaft. Er weist ein durchschnittliches Stockmaß von 1,68 m auf und wird bis zu einer Tonne schwer. Dieses gutmütige, schwere Zugpferd kann man in seiner Heimat Nordfrankreich auch heute noch auf dem Acker bei der Arbeit sehen. Leider ist die Population der schweren französischen Rassen in jüngster Zeit um 80 Prozent zurückgegangen. Der Trait du Nord kann fuchsfarben, braun oder falbfarben sein. Er geht auf eine Kreuzung von Ardennern mit Brabantern zurück; daher seine Ähnlichkeit mit dem Ardenner. Tatsächlich stammt er aus derselben Gegend wie der Ardenner, und er wird manchmal auch Ardennais du Nord genannt.

Alle Formen, alle Größen

Rechts: Bis zur Jahrhundertmitte war jedes fünfte Pferd in Ungarn ein Murakoz. Das für schwere Arbeiten eingesetzte Ackerpferd verdankt seinen Namen dem Fluß Mura in Nordungarn, wo es sich aus Kreuzungen der besten ungarischen Hengste mit Percherons, Norikern und Ardennern entwickelte. Lebhaft, aber gehorsam, wurde es zu einem äußerst beliebten, kräftigen Arbeitstier, das ein durchschnittliches Stockmaß von 1,68 m erreicht. Leider geht die Zahl der Murakoz-Pferde auf der ganzen Welt stark zurück, Pferdehalter finden sie in Haltung und Zucht einfach zu teuer. Pferdeschauen und Ausstellungen sind die einzige Rettung für dieses Relikt.

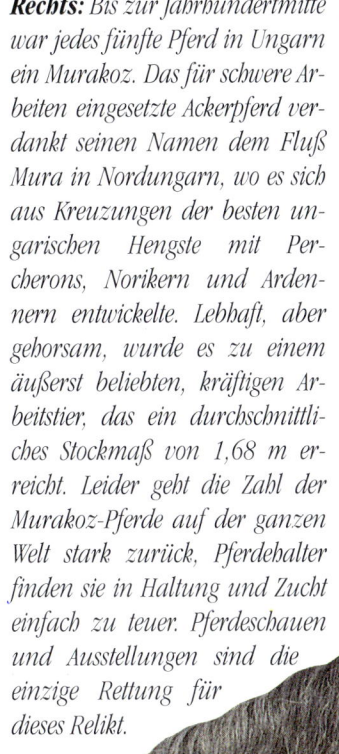

Rechts: Zwei schwere Zugpferde Seite an Seite: der Belgier (rechts) und der English Shire mit einem Hauch von Vollbluteinkreuzung. Diese Kaltblüter sind ungefähr gleich groß und stark und gehören zu den größten Pferden überhaupt.

Links: Dieses Gespann wurde für eine Pferdeschau herausgeputzt und zieht stolz einen kleinen Rollwagen – einen robusten Karren, der dazu dient, schwere Lasten zu transportieren. Alle lieben den Anblick dieser prachtvollen Geschöpfe in ihrem schönen, mit Federn und Glöckchen besetzten Geschirr. Zum Glück halten solche Veranstaltungen das Interesse an diesen großen Pferderassen wach, obwohl man sie bei der Feldarbeit heute kaum noch braucht. Was als Werbeunternehmen begann, hat sich wirtschaftlich als so erfolgreich erwiesen, daß manche Pferde heute wieder täglich im Arbeitseinsatz sind. Manche englische Lokalbrauerei hat festgestellt, daß Rollwagengespanne am schnellsten und billigsten ausliefern. Sonst sind diese massigen Tiere darauf angewiesen, daß Liebhaber sie versorgen.

Rechts: Der Suffolk Punch gehört zu den reinsten Zuchtformen der schweren Pferde von früher. Er stammt aus East Anglia, einer Region Englands mit einer ausgeprägt landwirtschaftlichen Tradition. Da diese Pferde leuchtend fuchsfarben sind, einen kompakten Körperbau mit kurzen Beinen haben und außer dem Kötenzopf keine lange Behaarung an Vorder- und Hinterfußwurzelgelenk aufweisen, sind sie leicht zu erkennen. Der Suffolk-Punch, nur wenig über 1,60 m groß, ist nicht nur ein kraftvoller und zuverlässiger Arbeiter; er ist außerdem sehr beweglich und besonders gut im Traben. Seiner überragenden Kraft und seines umgänglichen Wesens wegen war er früher außerordentlich beliebt, und vielleicht hat auch die Wirtschaftlichkeit seiner Haltung und seine Langlebigkeit zu seinem guten Ruf beigetragen.

Rechts: Um die schweren, alten Rassen zu erhalten, obwohl sie ihre Rolle als nützliche Arbeitstiere längst überlebt haben, werden verschiedene Anstrengungen unternommen, z.B. im englischen Shire Horse Center. Hier können die Besucher diese großen Pferde in Aktion erleben und sehen, wie sie gepflegt und gefüttert oder beschlagen werden. Die Gefahr, daß das Shire-Pferd ausstirbt, wird auch dadurch verringert, daß die Riesen eine Attraktion jeder Schauvorführung sind. Die Farben variieren von Schwarz oder Grau nach Braun. Das Gesicht hat meist eine Blesse, und die Beine tragen einen seidenweichen weißen Behang. Kaltblüter sind typischerweise von ausgeglichenem Temperament und schwerem Körperbau – und so sind auch Shires freundliche und ruhige Pferde.

Alle Formen, alle Größen

Oben: Kleinstpferde werden vor allem als eine Art Modeneuheit gehalten und dienen als Kuscheltier oder Attraktion bei irgendwelchen Schauveranstaltungen. Manchmal sieht man sie auch in Zoos, wo ihre Zucht professionell überwacht und ihr Überleben als Rasse gewährleistet wird. Einige von den robusteren Kleinstpferden und Ponys kann man sogar reiten; sie sind daher ideal für Kinder geeignet, doch die meisten von ihnen sind einfach zu klein für einen Sattel. Dafür sind manche wiederum kräftig genug, einen Miniatur-Karren oder eine in kleinem Maßstab nachgebaute Kutsche zu ziehen und daher sehr geeignet, schon kleine Kinder mit den Fahrkünsten vertraut zu machen. Kleinstpferde gibt es in allen möglichen Farben und Typen; da sie keinerlei anderen Nutzen haben, werden sie zumeist von Hobbyzüchtern gehalten, oft Menschen, die keine Möglichkeit haben ein großes Tier zu halten.

Rechts: Das amerikanische Shetland-Pony ist etwas größer als das echte schottische Shetland, von dem es seine Abstammung herleitet – es wird bis zu 1,05 m groß. Weil Weidemöglichkeiten und Klima in Amerika wesentlich besser sind als im rauhen schottischen Norden, kann man die Tiere auf Dauer nur schwer so klein halten, wie man es von einem Shetland-Pony erwartet, das an die widrigeren Umweltverhältnisse der schottischen Inseln gewöhnt ist. Dafür hat diese abgehärtete Rasse dank selektiver Zucht eine typische Eigenschaft an seine amerikanischen Vettern vererbt: Dieses Pony ist unglaublich stark und imstande, das Doppelte seines eigenen Körpergewichts zu ziehen; es ist daher ständig bei irgendwelchen Zugwettkämpfen vertreten. Auch sind die amerikanischen Shetlands beliebte Renner, die sich besonders auf der Halb-Meilen-Strecke bewährt haben.

Alle Formen, alle Größen

Links: *Das kleine Amerikanische Reitpony gehört zu jenen Pferderassen, über die wir anhand der Unterlagen am besten informiert sind. Sie wurde in den fünfziger Jahren in Iowa als Reittier für Kinder gezüchtet und war das Zuchtergebnis eines amerikanischen Shetland-Hengstes mit einer Appaloosa-Stute. Sämtliche aus dieser Verbindung stammenden Nachkommen weisen die charakteristischen Appaloosa-Abzeichen in sieben Fleckenvariationen auf. Dieses unverwechselbare Kleinpferd hat ein Stockmaß zwischen 1,15 m und 1,32 m, ist sanft und folgsam und eignet sich ideal als erstes Reitpferd für Kinder. Trotz seiner eleganten Körperform ist kräftig und robust. Klein, aber oho, könnte man sagen, denn es sieht mehr wie ein kleines Reitpferd mit Araberanteilen aus.*

Links: Aus den Zuchtunterlagen geht hervor, daß das kleine Shetland-Pony häufig nicht größer als 65 cm wird, gleichwohl jedoch die Kraft und Energie hat, einen erwachsenen Reiter über viele Kilometer hinweg zu tragen – auch wenn das für diesen nicht besonders bequem ist. Shetland-Ponys sind lebhaft und intelligent und werden ihrer geringen Größe wegen gern für Kinder gehalten. Daß sie so klein geblieben sind, führt man auf den Mangel an Futter und die widrigen Witterungsverhältnisse auf den nördlich von Schottland gelegenen Inseln zurück, wo man sie bereits seit 500 v. Chr. kennt. Ihre Zähigkeit ist legendär: Im Winter wächst ihnen ein unglaublich dickes Fell, und bei knappem Futterangebot fressen sie sogar am Strand angespülten Tang. Alle Fellfarben sind erlaubt, Dunkelbraun und Schwarz sieht man am häufigsten.

Rechts: Das vollkommen proportionierte Falabella ist das kleinste Pferd, das es gibt. Mit einem Stockmaß von unter 72 cm ist es zu klein, als daß man darauf reiten könnte, doch ist es ein aufgewecktes und schmusiges Haustier. Es entstand in Argentinien aus der Kreuzung einer besonders kleinen Shetland-Stute mit einem ungewöhnlich kleinen Vollbluthengst. So gut wie alle Farben sind erlaubt, am höchsten in der Gunst stehen Appaloosa-Abzeichen.

Unten: Der Haflinger ist ein hübscher kleiner Geselle. Wiewohl für Pony-Verhältnisse mit einem Stockmaß von rund 1,42 m schon recht groß, wirkt er fast zierlich. Im Widerspruch zu dieser Äußerlichkeit steht eine Zähigkeit und eine Energie, die ihm in seiner österreichischen Heimat den Ruf eines zuverlässigen Arbeitspferds eingetragen haben.

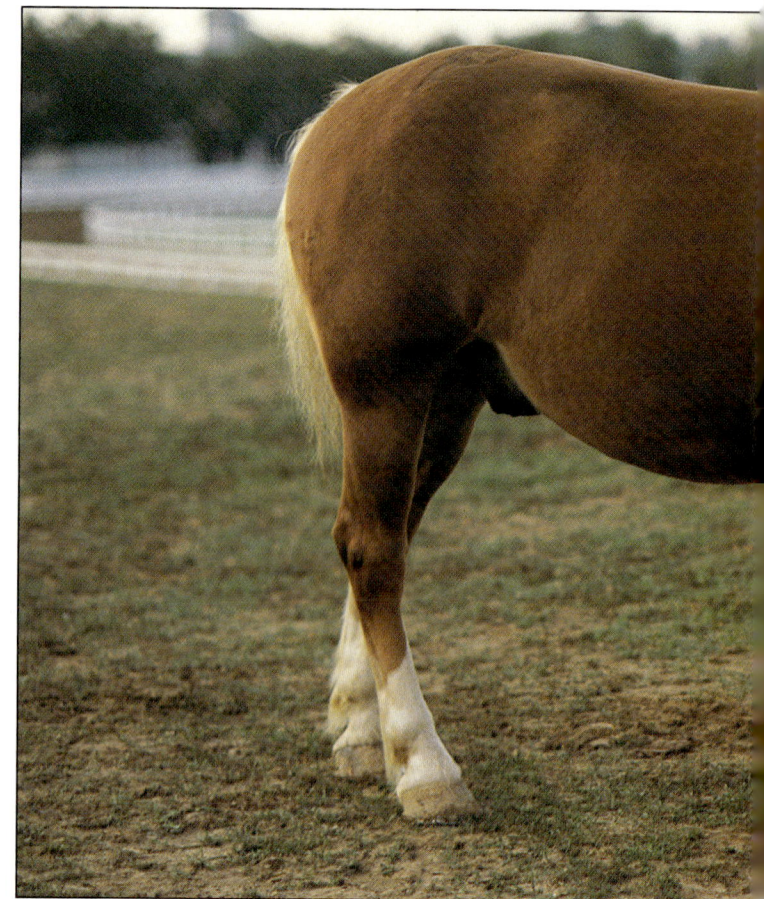

Alle Formen, alle Größen

Unten: Die intelligenten, muskulösen und trittsicheren kleinen Welshponys geben hübsche und praktische Reitpferde für Kinder ab. Ihr Kopf besitzt den ganzen Adel eines Arabers, die Augen sind klug, und der Körper ist massig und robust. Mit Ausnahme von „Piebald" und „Skewbald" sind alle Farben erlaubt, doch sind die meisten Graue, Braune oder Füchse. Diese Pferde sind seit Jahrhunderten bewußt und überlegt gezüchtet worden, was dazu beigetragen hat, ihre geschätzten Charakteristika zu bewahren.

Gezielte Züchtungen

Pferde werden von den Menschen seit Hunderten von Jahren gezüchtet; daran hat sich bis heute nichts geändert. Halbblüter werden mit Vollblütern gekreuzt, Warmblüter mit Kaltblütern und so weiter, was alles auf den Wunsch hinausläuft, ein Tier hervorzubringen, das möglichst genau den Bedürfnissen des Menschen entspricht. Nicht alle Kreuzungen – oder auch reinrassigen Zuchten – erweisen sich eben als das, was man sich wünscht oder erwartet, doch genau das macht das ganze Zuchtgeschehen um so interessanter (und kostspieliger). Leider ist die Pferdezucht zu einem hochkommerzialisierten Unternehmen geworden; manche reinrassigen Tiere wechseln für astronomische Summen den Besitzer, wobei es auf das Pferd als solches noch am wenigsten ankommt. Eine der beliebtesten und wohl auch größten, mit genauen Zielvorstellungen gezüchteten Pferdegruppen sind die Sportpferde. Die schnellsten und kämpferischsten Pferde bringen die höchsten Prämien. Deshalb wählen die Züchter sorgfältig jene Pferde aus, die am beständigsten gewinnen, die Spitze ihrer Klasse bilden und daher geeignet erscheinen, künftige Generationen von potentiellen Rekordbrechern hervorzubringen. Sportarten, bei denen Pferde eine Rolle spielen, gibt es überall auf der Welt. Für die Besitzer der Gewinner geht es bei diesen Veranstaltungen häufig um sehr viel Geld; Pferde, die daran teilnehmen, sind so wertvoll, daß nur ein kleiner Personenkreis es sich leisten kann, sie zu halten und laufen zu lassen. Doch bei manchen Sportarten sind Vergnügen und Unterhaltung genauso wichtig; hier sind die Anforderungen an die miteinander wetteifernden Pferde natürlich nicht so hoch wie bei den Profis. Beim Zirkus und traditionellen Schau und Wettkampfveranstaltungen überall auf der Welt spielen eigens für diesen Zweck gezüchtete Pferde eine führende Rolle. Sie werden ausgewählt wegen ihres hinreißenden Aussehens wie etwa einer getüpfelten Decke oder eines großrahmigen, muskulösen Körpers; noch wichtiger jedoch ist ihre Fähigkeit, eine komplizierte Reihe von Bewegungen und Schulsprüngen zu erlernen, deren Ursprung manchmal Jahrhunderte zurückreicht. Früher war das Arbeitspferd vermutlich das wichtigste Zuchtergebnis, das jedoch heute, was Preise und Nachfrage betrifft, am unteren Ende des Marktes steht. Eine Ausnahme bilden da nur ein paar Länder, in denen Pferd oder Pony die einzig zur Verfügung stehende Kraftquelle bilden. Da die Nachfrage nach diesen stämmigen Zuchtformen stark zurückgeht, gibt es nur noch wenige Exemplare von ihnen. Doch man achtet darauf, die traditionellen Besonderheiten von Pferden wie etwa dem Shire und dem Ardenner zu bewahren, da dieser Zuchttyp sonst Gefahr läuft zu verschwinden. Wir können nur hoffen, daß Pferdevorführungen und Paraden in der ganzen Welt weiterhin das Interesse an diesen alten Pferderassen wachhält und begeisterte Züchter fortfahren, die noch vorhandenen Zuchtstämme für die Zukunft zu bewahren.

Links: *Dieses sorgfältig gezüchtete französische Reitpferd läßt sich für Springreiten oder für Hindernisrennen einsetzen, als Rennpferd oder kräftiges Reitpferd, das sich für die Schulreiterei ebenso eignet wie für Geländeritte.*

Rechts: *Pferderennen ist eine der beliebtesten und wichtigsten Sportarten in der ganzen Welt. Manche Pferde sind über viele Generationen hinweg aus schnellen und kostspieligen Rassen gezüchtet worden.*

Gezielte Züchtungen

Unten: *Diese Gruppe von Pferden ist als Team trainiert worden und führt hier eine spektakuläre Zirkusnummer vor. Die Pferde müssen auf verhältnismäßig kleinem Raum – eine Zirkusarena hat im allgemeinen nur einen Durchmesser von 13 m – galoppieren können und dafür kräftige und korrekt angesetzte Beine haben; außerdem brauchen diese Pferde viel Ausdauer, damit sie das geforderte Tempo halten und gleichzeitig einen erwachsenen Reiter tragen können. Bei den ideal fürs Vorführen geeigneten Rassen erleichtern es die kürzeren Beine dem Reiter, auf- und abzuspringen.*

Oben: *Es gibt in der Welt eine ganze Reihe von Pferdeschulen, so etwa die berühmte französische Kavallerieschule, das Cadre Noir. Hier wird großrahmigen, aber zugleich agilen und muskulösen Züchtungen beigebracht, eine Reihe von atemberaubenden, im Laufe vieler Jahre entwickelter Sprünge zu absolvieren, die in spektakulärer Folge vorgeführt werden. Diese Pferde müssen ein anstrengendes tägliches Dressurpensum bewältigen, damit sie stets in guter Form sind und jederzeit Höchstleistungen vollbringen.*

Oben rechts: *Reinrassige Araber sind wahrscheinlich die schönsten und begehrtesten Pferde der Welt. Man hat sie mit praktisch jeder anderen Pferderasse gekreuzt, insbesondere in den Rennklassen. Neben dem Englischen Vollblut sind sie die schnellsten Pferde überhaupt und besitzen die nötige Kraft und Ausdauer, einen Reiter über lange Distanzen hinweg zu tragen. Araber sind aber auch ihres lebhaften Wesens und ihres Mutes wegen bekannt – und das ist wichtig bei einem Pferd, das die Spannung eines Pferderennens genießen soll. Zudem sind sie außerordentlich zäh.*

Rechts: *Die Zirkusmanege ist einer der wenigen Orte, wo man bestimmte Typen und Zuchtformen von Pferden in großer Zahl auf einmal sehen kann. Sie bilden einen wunderschönen Anblick, zumal dann, wenn man sie nicht nur wegen der Kraft und des Gehorsams ihrer Rasse ausgesucht hat, sondern weil sie annähernd das gleiche Stockmaß und die gleiche Farbe haben. Die hier gezeigte Kombination von Füchsen und Schimmeln ist bestechend schön, selbst ohne schmückendes Beiwerk am Zaumzeug. Die Pferde kennen ihren Platz genau, so daß man eine überraschende Wirkung durch die Trennung der beiden Farben erzielen kann.*

Gezielte Züchtungen

47

Links: *Das kräftige, untersetzte Maultier – Nachkomme eines Eselshengstes und einer Pferdestute – ist von alters her als Lasttier genutzt worden. Es vermag auch schwieriges Gelände zu bewältigen und tagelang ohne Futter auszukommen.*

Unten: *Berber haben bei der Entwicklung fremder Blutlinien eine bedeutende Rolle gespielt. Sie werden dazu verwandt, andere Zuchtformen mit ihrem robusten Körperbau und gutmütigen Wesen anzureichern.*

Gezielte Züchtungen

Unten: Ursprünglich war das Saddle Horse ein Arbeitspferd, auf dem die großen Plantagen der Südstaaten der USA beaufsichtigt wurden. Heute sind die meisten Vertreter dieser Rasse ausgezeichnete Vielseitigkeitspferde, die sich bei Schauspringen, Rennen und Geländeritten einsetzen lassen, was sie zu beliebten Schaupferden macht. Mit ihrem guten Aussehen und ihren anmutigen Bewegungen verfügt diese Zuchtform neben den drei Grundgangarten Schritt, Trab und Galopp über zwei weitere, die es zu einem eleganten und gut zu reitenden Pferd machen: rack, ein gleichmäßiges und rasches Tänzeln, bei dem der Fuß in der Luft kurz verharrt, und slow gait, bei dem die Füße besonders hoch genommen werden. Der kurze und muskulöse Körper ist mit schlanken, harten Beinen ausgestattet, der Kopf ist klein und wach und sitzt auf einem leicht durchgebogenen Hals. Das Saddle Horse auch noch ein gutmütiges und bequemes Reitpferd.

Oben: Die Rasse des ungarischen Furioso ist rund 150 Jahre alt und wird immer noch viel gezüchtet, denn sie bringt wunderbare Pferde für Schauspringen, Hindernisrennen, Dressur und andere Wettkämpfe hervor. Sie läßt sich auf einen aus England importierten Vollblüter zurückführen; zusätzlich ist die Zuchtform mit anderen Vollblütern gekreuzt worden.

Gezielte Züchtungen

Oben: Der Andalusier gilt als ausgezeichnetes Reitpferd, das Intelligenz, Kraft und stolze Haltung miteinander verbindet. Es hat ein Stockmaß von 1,63 m. Seine Ursprünge liegen in Afrika, es wird aber seit Jahrhunderten mit Spanien gleichgesetzt.

Links: Manche Reitpferde sind mit Vollblütern eingekreuzt – entweder Englischem Vollblüter oder Araber – um einen Warmblüter hervorzubringen, der die Vorteile größerer Schnelligkeit und Ausdauer in sich vereinigt. Diese Art von Einkreuzungen bringt ein wendigeres und aktiveres Pferd hervor, das leicht auszubilden ist.

Unten: Ursprünglich sollte das Kavalleriepferd größtmögliche Vorteile beim Kampf bieten; doch etliche Zuchtformen gibt es ihrer großen Kraft und Beweglichkeit wegen heute noch. Das Kavalleriepferd mußte eine komplizierte Abfolge von Bewegungen ausführen, im Gefecht genauso wie auf dem Paradeplatz; außerdem durfte ihm der Trubel ringsum nicht das geringste ausmachen. Diese Eigenschaften machen es natürlich zu einem vorzüglichen Dressurpferd; solche Zuchtformen werden hochgeschätzt in den letzten beiden Akademien, wo diese klassischen Schausprünge und -figuren immer noch gelehrt werden: der Spanischen Hofreitschule in Wien und der Kavallerieschule in Saumur, wo dieses Bild aufgenommen wurde. Die Ausbildung eines solchen Pferdes dauert mehrere Jahre; das Pferd muß lernen, aus dem Stand in die Höhe zu springen, sich zu ducken und zu steigen.

Rechts: Weil sie einen gedrungenen Körper und ein ausgeglichenes Wesen haben, sind Ponys die idealen Reittiere für Kinder. Sie müssen trittsicher sein und die Klugheit aufbringen, mit der Unnachgiebigkeit eines jungen und unerfahrenen Reiters fertigzuwerden. Die meisten Ponys sind sehr robust; sie stammen ursprünglich von anspruchslosen Arbeitstieren ab, was sie auch für ihre heutige Rolle als Haus- und Reittier für Kinder empfiehlt. Da sie klein und zutraulich sind, spielen sie auch beim Wanderreiten eine Rolle, denn viele Zuchtformen sind kräftig genug, erwachsene Reiter über lange Strecken durch schwieriges Gelände zu tragen. Für die meisten Ponys gibt es kein besonderes Zuchtprogramm, und viele haben sich durch Kreuzungen weit von ihrem Ursprungstyp entfernt. Allerdings werden einige von den alten Moorponys weitergezüchtet.

Gezielte Züchtungen

Rechts: Ein gutes Pferd fürs Springreiten muß schnell, gut mit Muskeln ausgestattet, kräftig und gleichzeitig klein und wendig genug sein, um schwierige Hindernisse zu bewältigen und federnd und genau Hürden zu überspringen, die genauso groß sind wie die Tiere selbst. Sollen keine Punkte verlorengehen, wird Reiter wie Pferd äußerste Konzentration abverlangt; um das unabdingbar notwendige hohe Niveau der Zusammenarbeit zu erreichen, sind viele Übungsstunden erforderlich. Es gibt keine speziell für das Springen gezüchtete Rasse.

Links: Das amerikanische Quarterhorse – ein besonders rittiges Pferd – stellt die älteste und beliebteste amerikanische Zuchtform dar: allein in den Vereinigten Staaten gibt es davon anderthalb Millionen eingetragene Pferde. Es erfreut sich wegen seines kraftvollen Körpers und ausgeglichenen Temperaments in der ganzen Welt großer Beliebtheit und wurde ursprünglich als tüchtiges Reitpferd für reiche Plantagenbesitzer gezüchtet. Quarterhorse-Rennen sind in Amerika sehr beliebt; das bedeutendste Rennen sind die Futurity Stakes in Kalifornien, bei denen es um hohe Einsätze geht. Das Quarterhorse ist auch ein vorzügliches Cowboy-Pferd.

Die Qual der Wahl

Ein Pferd zu besitzen bedeutet eine Fülle von Pflichten und nicht nur Freude und Spaß. Zunächst hat man für die Bedürfnisse des Pferdes zu sorgen, das heißt, man muß ihm eine Unterkunft zur Verfügung stellen, sei es in einem eigens zu diesem Zweck gebauten Stall oder in einem passenden Gebäude, in dem das Tier sich wohl fühlen kann. Der Stall sollte Wasseranschluß haben, damit das Pferd getränkt und abgespritzt werden kann, aber auch eine separate trockene Futterkammer.

Man achte darauf, keine Futterkisten offenstehen zu lassen und sämtliche verschütteten Reste zu beseitigen, da sonst Nagetiere unerwünschte Krankheitskeime einschleppen. Eine weitere Vorsorge sollte einer Weidemöglichkeit gelten, wo das Pferd frei umherlaufen kann, ohne daß ihm von einer ungeeigneten Einzäunung und achtlos fortgeworfenen Gegenständen Gefahren drohen. Unfälle können zu unnötigen Leiden und teuren Tierarztrechnungen führen. Für den Bau von Zäunen läßt sich unterschiedliches Material verwenden, vorausgesetzt, es ist haltbar und hat weder scharfe Ecken noch Spitzen, an denen das Pferd sich verletzen könnte. Das kann durchaus geschehen, wenn ein Pferd gegen einen Zaun anrennt – was häufig vorkommt. Das Auswechseln vorhandener Zäune kann teuer werden; es hilft, wenn man zur Kostensenkung einen Teil oder die ganze Arbeit selbst übernimmt. Man beseitigt alle Glasscherben und umherliegenden Abfälle und füllt alle Löcher aus, die das Pferd dazu bringen können zu straucheln, sich zu verletzen oder gar ein Bein zu brechen.

Kleidung und Zubehör für Pferde und Reiter anzuschaffen stellt für gewöhnlich kein großes Problem dar, denn es gibt viele Spezialgeschäfte für Geschirr und anderes Pferdezubehör. Häufig gibt es auch einen blühenden Second-hand-Markt für Artikel des Reit- und Pferdesports; man braucht also nicht übertrieben viel Geld dafür auszugeben, aber es ist wichtig die Dinge genau auf Qualität und guten Zustand hin zu prüfen.

Hat man das Problem der Unterbringung von Pferd und Geschirr zufriedenstellend gelöst, kann man daran gehen, sich nach einem passenden Pferd oder Pony umzusehen. Man muß sich fragen, wie gut man als Reiter ist und was man von seinem Pferd erwartet. Ist man Anfänger oder fühlt man sich nicht sicher, steckt man zuerst lieber sein Geld in Reitstunden und erlernt die verschiedenen Reit- und Pflegetechniken. Die Größe eines passenden Pferdes hängt sehr davon ab, wie groß und schwer man selbst ist und ob man das Pferd für einfache Ausritte aufs Land oder zur Teilnahme an verschiedenen, kräfteverschleißenden Wettkämpfen braucht. Wenn möglich, erkundigt man sich bei jemanden mit Spezialkenntnissen wie etwa einem Tierarzt, der das Tier vor dem Kauf gründlich untersucht, und bittet um Einsicht in vorhandene Unterlagen. So verschafft man sich Klarheit darüber, ob das Pferd das richtige ist. Nehmen Sie sich Zeit, und zögern sie nicht, sich mit Fragen zu dem betreffenden Pferd an den Besitzer zu wenden. Außerdem sollten Sie versuchen, sich ein zutreffendes Bild über Temperament und Unarten des Pferdes zu machen. Man streichelt es, redet mit ihm, reitet es – und wenn man nicht zufrieden ist, geht man weiter auf die Suche, bis man das richtige Pferd gefunden hat. Ist das ausgewählte Tier eingezogen, gibt man ihm eine oder zwei Wochen zum Eingewöhnen, behält aber die bisher gewohnte tägliche Routine bei. Schließlich darf man nicht vergessen, daß eine gute, liebevolle Beziehung so wichtig ist wie praktische Erwägungen.

Rechts: Ist erst einmal gegenseitiges Vertrauen aufgebaut, wird ein eigenes Pferd zu einem treuen Freund.

Ganz rechts: Ein erfolgreiches Springpferd braucht jahrelang Geduld und Fürsorge. Eine Dressurgrundausbildung ist Grundlage für das erfolgreiche Springtraining.

Die Qual der Wahl

Links: Das am besten für die Dressur geeignete Pferd ist zum frühest möglichen Zeitpunkt an menschlichen Kontakt gewöhnt, auch wenn man mit der eigentlichen Ausbildung erst beginnen wird, wenn es zwischen drei und fünf Jahre alt ist. Bei einem Fünfjährigen läßt sich das Leistungsvermögen am besten abschätzen.

Unten: Das kleine Falabella wird gewöhnlich Hätscheltier gehalten, besonders dann, wenn eine Familie keine Unterbringungsmöglichkeit für ein normalgroßes Pferd hat. Auch wenn es zum Reiten zu klein ist, braucht ein Falabella liebevolle Pflege.

Rechts: Das Quarterhorse gilt als eine der beliebtesten Rassen der Welt. Es ist sanft und unkompliziert im Umgang, gleichzeitig jedoch kräftig gebaut und stark genug, um bei einem Rennen oder beim Rodeo einen ausgewachsenen Menschen zu tragen. Trotz seines ausgeprägt muskulösen und eher gedrungenen Körpers bietet es ein elegantes und schönes Erscheinungsbild. Es ist außerdem ein kluges Pferd und besonders bei der Arbeit auf Ranches beliebt. Ursprünglich wurde das Quarterhorse als Rennpferd für Rennen über eine Viertelmeile gezüchtet; dabei kam es vor allem auf die Beschleunigung an.

Die Qual der Wahl

Links: *Die Prüfung von Gebiß und Maul kann Aufschluß über das Alter des Pferdes geben, ist aber keine narrensichere Methode, um es genau festzustellen. Pferdezähne wachsen entsprechend ihrer Abnutzung nach, werden aber mit dem Alter immer länger. Sie fangen auch an, sich vorzuschieben und nach außen zu wachsen.*

Unten: *Sofern man nicht wirklich ein erfahrener Pferdekenner ist, empfiehlt es sich, das Pferd, das man zu kaufen gedenkt, von einem Tierarzt durchchecken zulassen. Dieser kann dann sagen, ob das Pferd besondere Schwachpunkte hat.*

Rechts: *Hier werden die Sehnen des Pferdes überprüft. Sehnenzerrungen verraten sich durch eine Schwellung, die durch aufgestaute Flüssigkeit hervorgerufen wird und sich heiß anfühlt. Diese stellt man dadurch fest, daß man den verdächtigen Teil des Beines vorsichtig abtastet und dann die Hand auf einem anderen Teil ruhen läßt, um festzustellen, ob er sich kühler anfühlt. Auch läßt das Pferd Wundsein oder Entzündung merken, indem es vor der Berührung zurückzuckt und sich unter Umständen überhaupt nicht anfassen lassen will. Manches Pferd verfügt von Natur über aus schwache Sehnen.*

Die Qual der Wahl

Oben: Bei der Routineuntersuchung wird der Tierarzt das Pferd durch sämtliche Gangarten führen, um zu sehen, wie es am Halfter geht und wie es sich überhaupt bewegt; gleichzeitig kann er dadurch zusätzliche Fehler wie zum Beispiel Lahmen entdecken. Ein ehrlicher Eigentümer wird sich stets mit einer solchen Untersuchung einverstanden erklären. Dabei kann man nicht nur feststellen, ob das Pferd in dem Maße ausgebildet ist, wie der Besitzer behauptet, sondern auch erkennen, wie es auf Menschen und unterschiedliche Behandlung wie etwa Führen und Gerittenwerden (insbesondere bei Straßenverkehr) oder auf Wasser reagiert. Doch nicht jede tierärztliche Untersuchung reicht aus, um etwaige Untugenden zu bemerken, die sich möglicherweise erst nach Tagen herausstellen. Dazu kann Luftkoppen oder Krippensetzen gehören, bei dem das Pferd, möglicherweise mit einem Pfosten oder einem anderen Gegenstand zwischen den Zähnen, Luft einsaugt. Für gewöhnlich sind das Folgen der Langeweile, die sich freilich auf die Verdauung auswirken können. Dagegen hilft eigentlich nur, das Pferd möglichst beschäftigt zu halten. Hat man vor, ein Pferd für ein Kind oder einen Jugendlichen zu kaufen, sollte man berücksichtigen, daß sie im Laufe der nächsten Jahre ein ganzes Stück wachsen können – sonst muß man schon bald ein größeres Pferd kaufen.

Oben: *Ein Pferd zu besitzen bringt beträchtliche Pflichten mit sich. Darüber sollte man sich im klaren sein, ehe man die Mühen und Kosten des Pferdekaufs und der Anschaffung der nötigen Ausrüstung auf sich nimmt. Auf jeden Fall sollte man regelmäßig in den örtlichen Reitställen helfen, damit man wirklich weiß, welche täglichen Pflichten und Arbeiten der Besitz eines Pferdes bedeutet.*

Links: *Was es heute alles an Pferde- und Reitsportartikeln gibt, ist geradezu verwirrend, doch nur der größte Pferdenarr würde sich alles und jedes anschaffen. Die meisten Pferdehalter kommen mit dem Allernotwendigsten aus; es handelt sich dabei um Dinge, die, wenn man sie pfleglich behandelt, eigentlich viele Jahre halten sollten.*

Rechts: *Hat man sich einmal für ein bestimmtes Pferd entschieden und mit ihm angefreundet, dann erkennen beide Partner allmählich, wozu der andere fähig ist. Vielleicht entscheidet man sich, bei den lokalen Reitturnieren mitzumachen. Ehe man springt, sollte man dafür sorgen, daß Reiter wie Pferd ein Voraustraining absolviert haben; Springen ist längst nicht so leicht, wie es aussieht.*

Die Qual der Wahl

Rechts: *Zu den beliebtesten Zuchtformen zählen die Welsh-Ponys, die man in vier unterschiedliche Typen einteilt, die im allgemeinen als „Sektionen" bezeichnet werden. Zu Sektion A zählt das Welsh Mountain Pony mit einem Stockmaß unter 1,23 m, zu Sektion B oder „Merlin" gehören elegante Schaupferde mit einem Stockmaß bis 1,35 m, die sich auch besonders gut für Geländeritte eignen. Sektion C, die eher gedrungene Welsh-Ponys umfaßt, darf gleichfalls bis zu 1,35 m groß sein und eignet sich insbesondere für Wanderungen zu Pferde. Sektion D ist dem Welsh Cob vorbehalten, einem kräftigen muskulösen Pferd, das einen schweren Reiter über lange Strecken hinweg tragen kann. Es darf zwischen 1,35 m und 1,55 m groß sein.*

Die Qual der Wahl

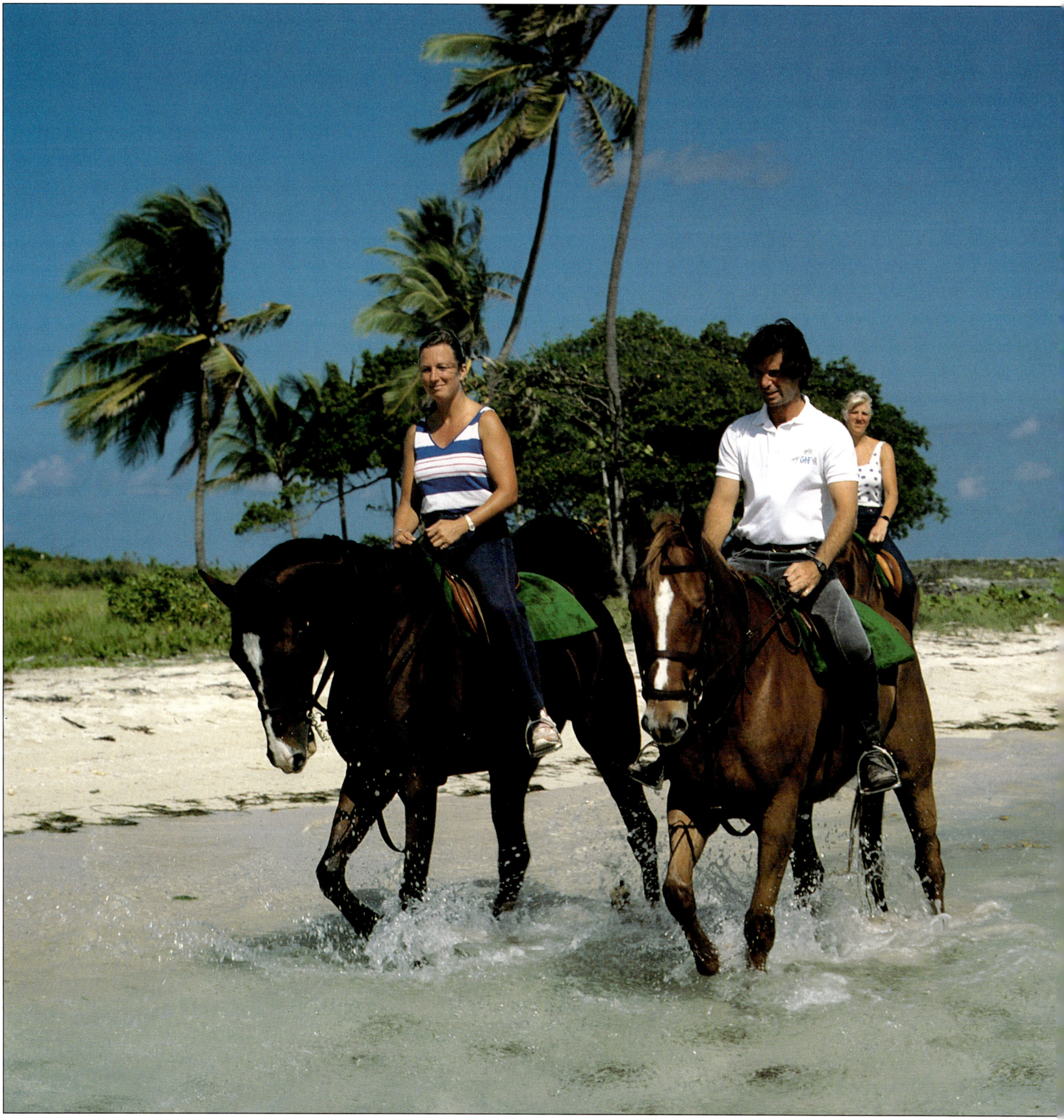

Die Qual der Wahl

Links: Viele Menschen steigen nicht in ihrer engeren Heimat zum erstenmal aufs Pferd, sondern meist im Urlaub. So ein bißchen körperliches Training kann höchst entspannend sein, wenn man auf einem gut gepflegten Pferd in der Sonne an einem seichten Strand durchs aufspritzende Wasser reitet. Ist man wieder zu Hause, mag die Begeisterung zwar lange anhalten, aber die Vorstellung, Tag für Tag für ein eigenes Pferd sorgen zu müssen, und auch die nicht unbeträchtlichen Kosten lassen die meisten vom Kauf zurückschrecken. Wenn Ihr Enthusiasmus sich auf das Wochenende oder den Urlaub beschränken muß, gibt es dafür ein reichliches Angebot von kurzen Reiterferien bis zu ausgedehnten Wanderritten. Ein eigenes Pferd ist dazu nicht nötig, aber wenn man eines besitzt, kann man es natürlich mitnehmen, wenn der Transport nicht zu schwierig ist. Natürlich kann man auch in einen lokalen Reitverein eintreten, dort Reitunterricht nehmen und regelmäßig ein Pferd mieten.

Oben: Es hat keinen Zweck, sehr viel Geld für ein Spitzendressur- oder Turnierpferd auszugeben, wenn man im Grunde nur ein gutartiges Tier haben möchte, das die Ausdauer für gemächliche Geländeritte aufbringt. Dazu braucht man auch nicht jede Menge Reitkleidung, wie sie für Turniere nötig ist – vernünftige Kleidung zum Schutz gegen schlechtes Wetter ist eher ein Muß, zumal dann, wenn man allein über schwieriges Terrain reitet. Besonders wichtig ist eine feste Reitkappe oder ein Helm.

Geschirr und Stall

Ehe man sein neues Pferd oder Pony zu sich nach Haus holt, sollte man zwei größere Entscheidungen bereits getroffen haben: Wo man es unterbringt und welche Art von Sattel- und Zaumzeug man anschafft. Wenn das Pferd ohne jeden Schutz in Form von Hecken oder Bäumen frei auf einer Weide läuft, braucht es einen Stall, den es bei Bedarf aufsuchen und auch wieder verlassen kann. Die Unterbringung im Stall hilft weitgehend gegen unerwünschte Krankheiten, kostspielige Medikamente und hohe Tierarztrechnungen und muß nicht teuer sein. Die Größe des Stalles hängt ganz von der Größe des Pferdes oder Ponys ab. Die beliebtesten Unterkünfte sind aus Holz und weisen ein Pultdach auf, damit der Regen ablaufen kann und verhindert wird, daß sich unterm Dach Kondenswasser bildet und auf das Pferd heruntertropft. Auch Wellblech oder verzinktes Stahlblech eignen sich gut. Der Stall sollte einen leicht abschüssigen, harten Boden aus Beton oder einem vergleichbaren Material aufweisen, damit kein Wasser hereinläuft und sich keine Pfützen bilden. Eine Möglichkeit ist auch, den Stallboden gegenüber dem umgebenden Erdreich leicht zu erhöhen, so daß eine kleine Stufe entsteht. Gegen Zugluft sollte der Stall schützen; die meisten edleren Zuchtformen reagieren empfindlicher auf Kälte als Pferde, die das ganze Jahr über im Freien gehalten werden. In etwaigen Kälteperioden kann man die Tiere zusätzlich mit Decken schützen. Werden mehrere Pferde zusammen gehalten, wie in Miet- oder Rennställen, stellen sich etwas andere Erfordernisse. Jedes Pferd sollte seine eigene Box haben; wenn das Dach ihres Unterstandes über die Tür hinausgeht, können die Pferde einander über die Tür der Box hinweg sehen, nicht aber vom Boxeninneren aus. Das hindert sie daran, sich zu beißen und sich unnötige Verletzungen beizubringen, und gestattet ihnen, hinauszusehen, ohne dabei naß zu werden.

Für welche Art Sattel, Zaumzeug und anderes Zubehör man sich entscheidet, hängt ganz davon ab, was man mit seinem Pferd vorhat. Möchte man es vornehmlich für gemächliche Geländeritte verwenden, genügt wirklich eine Grundausrüstung. Eng sitzende Kleidung ist für Reiter am besten geeignet; fühlt man sich jedoch wohler in lockerer Kleidung und scheut das Pferd nicht vor flatternden Materialien, geht auch ganz gewöhnliche Freizeitkleidung. Sofern man auf einen Sattel nicht verzichtet, hängt die Fußbekleidung weitgehend von der Größe der Steigbügel ab. Schmale Stiefel, die man jedoch leicht an- und ausziehen kann, sind die sichersten und erleichtern das Auf- und Absitzen. Wenn man einmal abgeworfen wird, rutschen solche Stiefel auch leicht aus dem Steigbügel heraus, und man vermeidet, hinterm Pferd hergeschleift zu werden. Man braucht außerdem eine Reihe von Gerätschaften, um Pferd und Stall sauber zu halten – nicht nur Bürsten, Kämme und die geeignete Kleidung zum Striegeln, sondern auch eine leichte Schubkarre, um auszumisten, Mist- und Heugabeln, Schaufeln, Besen und Zink- oder Gummieimer. Diese Geräte sollten robust, aber nicht unhandlich sein.

Oben: *Werden mehrere Pferde in einem Stall gehalten, spart man bei der Streu, wenn man diese ausschüttelt und das saubere Material erneut verwendet.*

Links: *Dieser Araberhengst wird an einem besonders dünnen und leichten Stallhalfter geführt. Beim Anlegen von Zaumzeug oder Halfter Augen und Zähne nicht verletzen.*

Rechts: *Mit einer Decke zum Warmhalten und bandagierten Beinen ist dieses Pferd für die Fahrt zu einer Veranstaltung gut vorbereitet. Es sind höchst unterschiedliche Pferdedecken auf dem Markt: schwere, wasserabweisende Decken für draußen, Thermodecken und dünne, leichte Sommerdecken. Wenn die Decke zu knapp sitzt, reibt sie an Widerrist und Schultern, was für das Pferd äußerst lästig ist.*

Geschirr und Stall

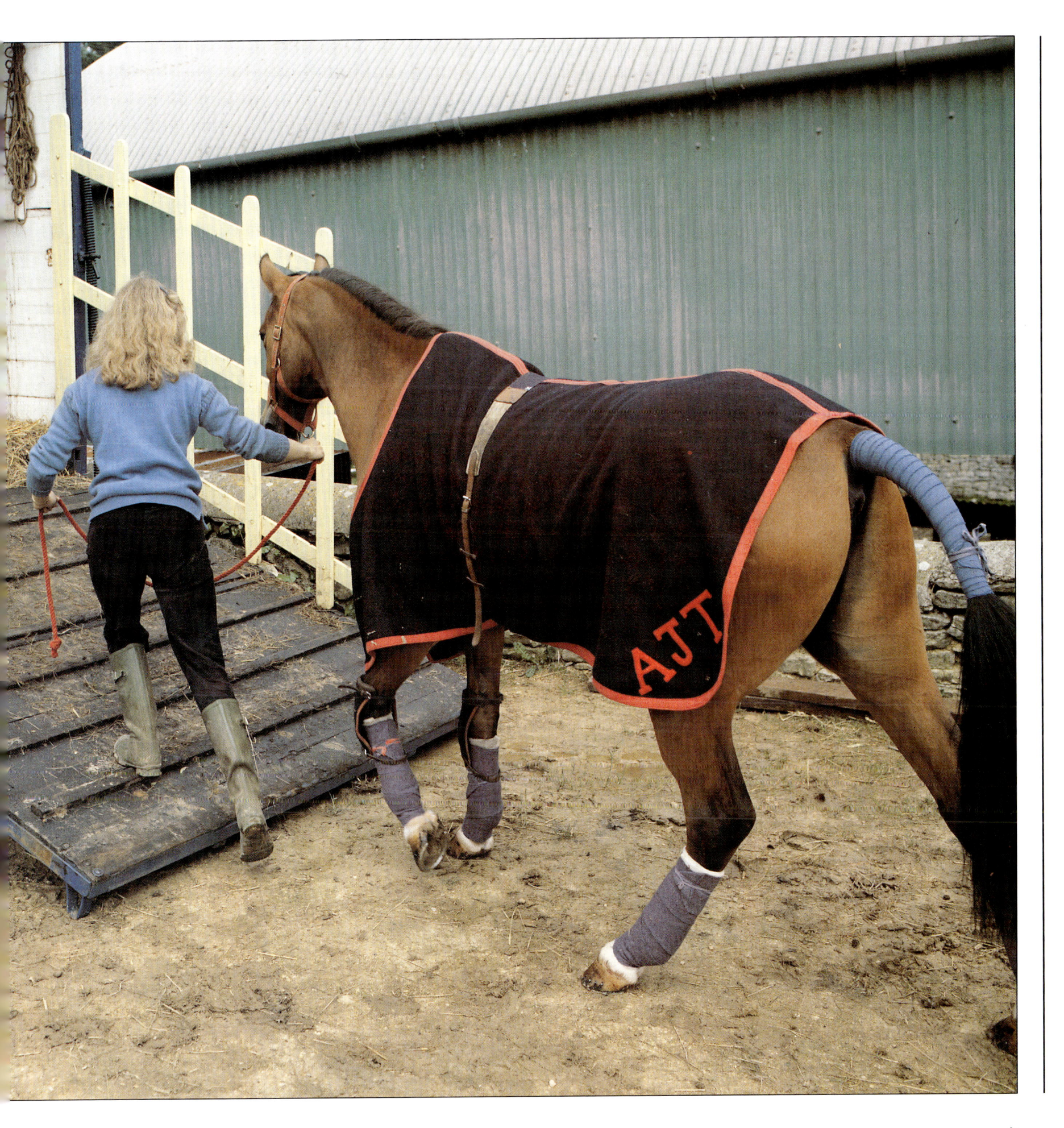

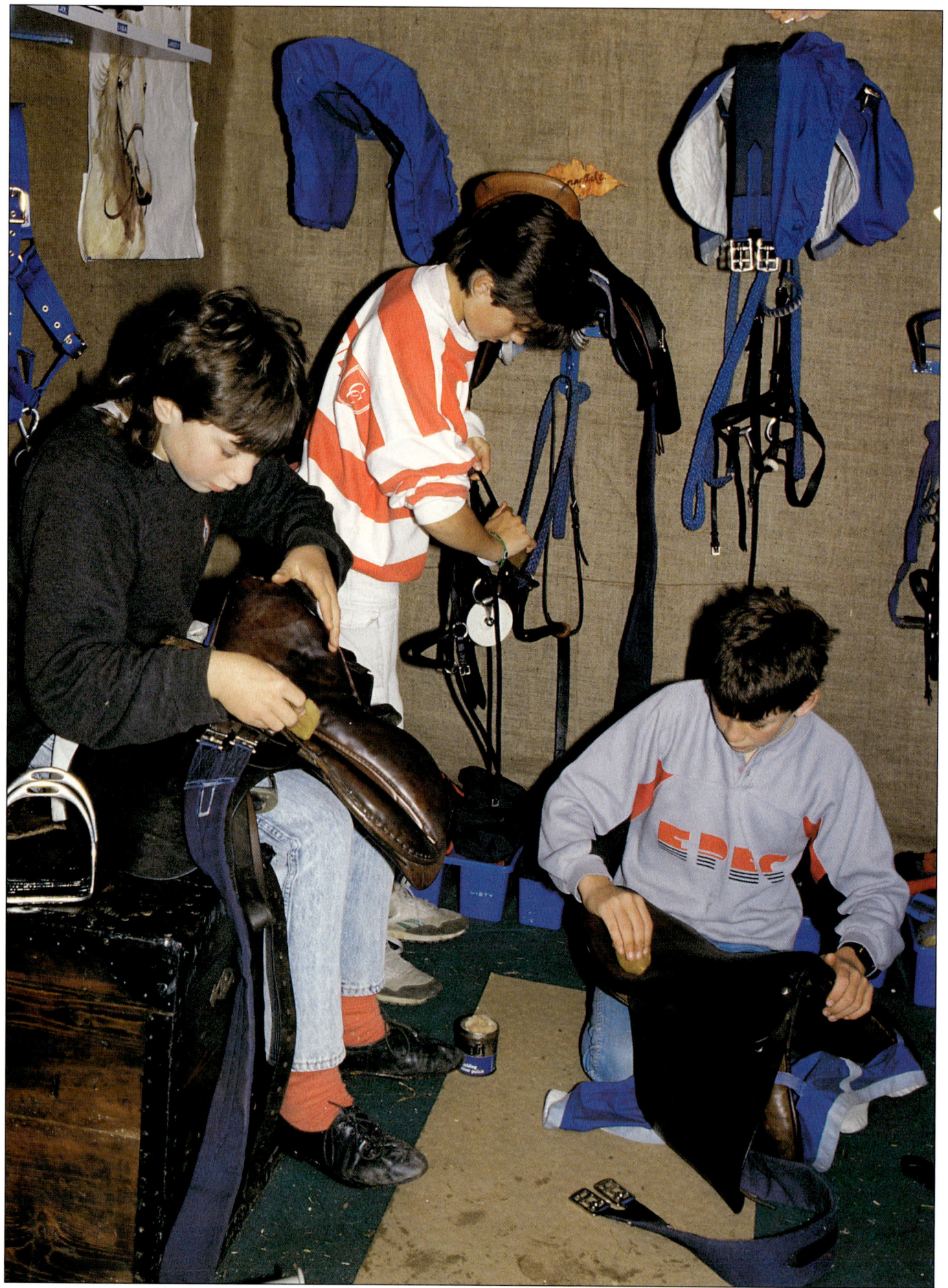

Links: Schauvorführungen erfordern ein ungeheures Maß an Vorbereitung, besonders wenn ein ganzes Team von Reitern dabei mitmacht. Jedes Ausrüstungsteil muß sorgfältig gereinigt und auf Hochglanz gebracht werden. Reitkleidung in leuchtenden Farben und buntes Zaumzeug verleihen dem Ereignis Glanz. Die Pferde werden sorgfältig gestriegelt.

Geschirr und Stall

Oben und links: *Auch der Transport des eigenen Pferdes – oder gar mehrerer – will wohl überlegt sein. Mit einem kleinen, leichten Pferdetransporter lassen sich mühelos zwei Pferde auf einmal transportieren, und dieses Gefährt kann von fast jedem Auto gezogen werden, das mit einer Anhängerkupplung ausgestattet ist. Der wesentlich größere und aufwendigere Trailer kann zusätzlich noch Unterkünfte für die Reiter, eine Küche und eine Dusche enthalten. Man prüfe vor jeder Fahrt stets, daß der Transporter in Ordnung ist und allen Verkehrsbestimmungen entspricht. Man vergewissere sich, daß schon vor dem Verladen der Pferde alles bereit ist. Unterwegs versucht man so sanft wie möglich zu fahren und sorgt für Schutz durch Decken und Bandagen.*

70

Geschirr und Stall

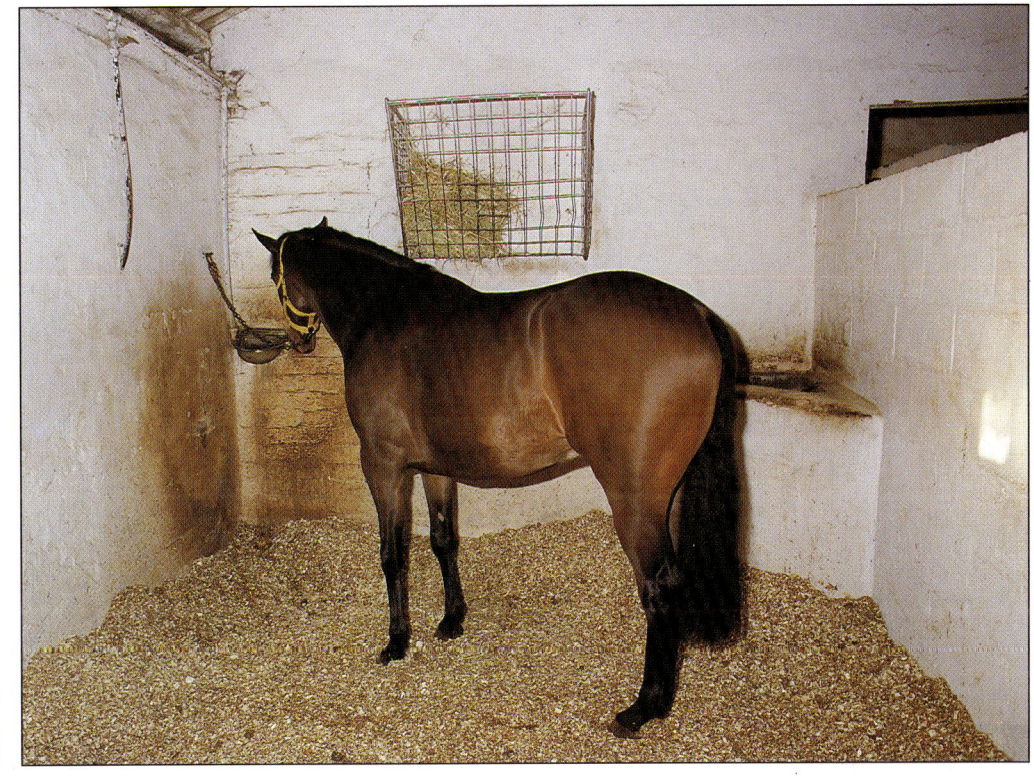

Links: Man sollte immer dafür sorgen, daß der Stall tadellos in Ordnung ist und alle Sättel und Zaumzeuge griffbereit sind, so daß jeder sofort das Richtige für sein Pferd findet. So wird die Ausrüstung nicht mit der eines anderen Reiters vertauscht.

Oben: Ein sauberer, aufgeräumter und sicherer Stall. Die Heuraufe ist so hoch angebracht, daß das Pferd sich nicht mit den Beinen darin verheddern kann; Tränke und Futtertrog liegen auseinander. Das Pferd steht auf einer Spänedecke.

Unten: Sattel und Zaumzeug sind teuer, und es ist wichtig sie in einem guten Zustand zu halten. Es empfiehlt sich, sämtliche Stücke auf einmal zu reinigen, sie auf Beschädigungen hin durchzusehen und alles Abgenutzte auszuwechseln.

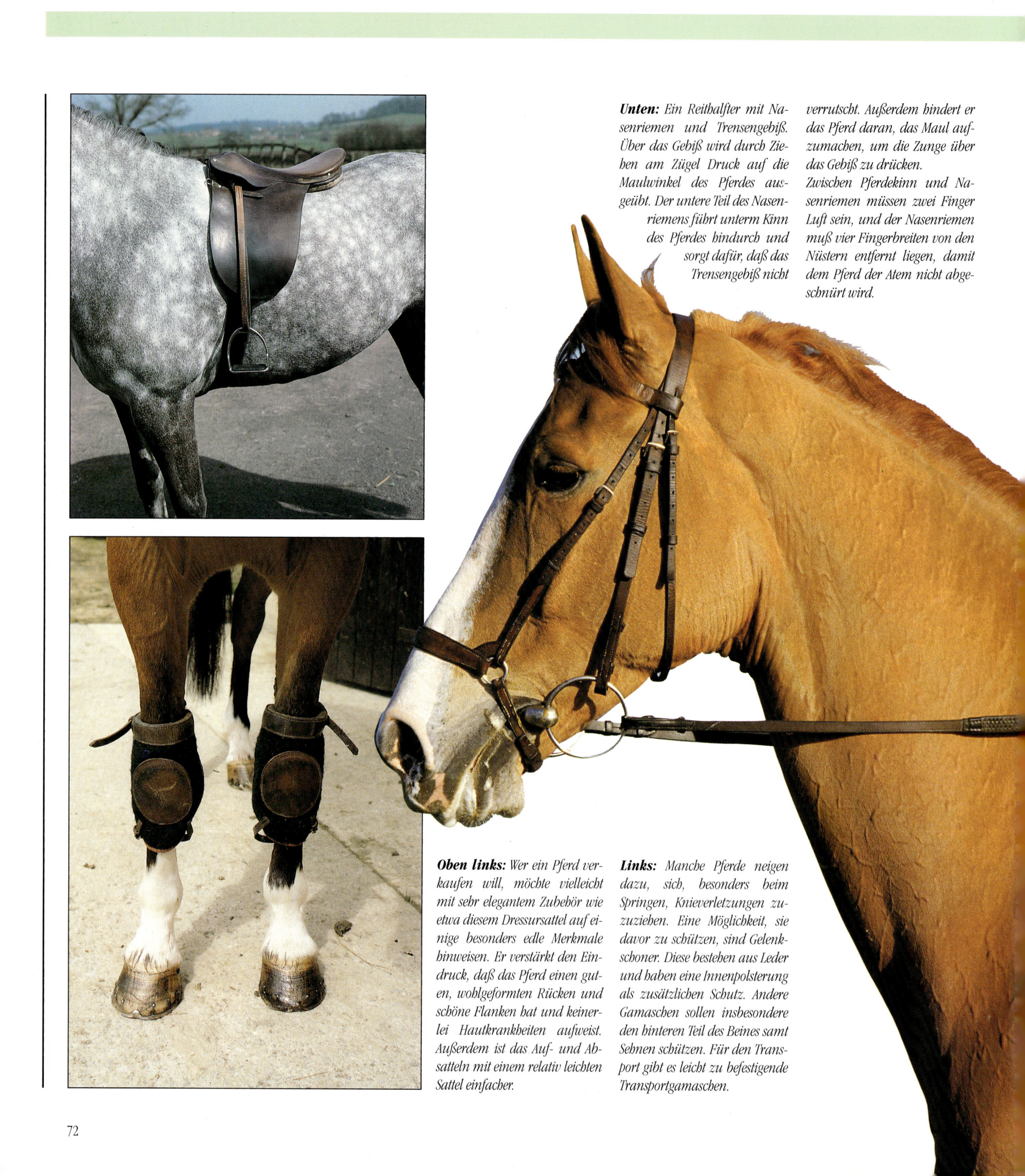

Unten: *Ein Reithalfter mit Nasenriemen und Trensengebiß. Über das Gebiß wird durch Ziehen am Zügel Druck auf die Maulwinkel des Pferdes ausgeübt. Der untere Teil des Nasenriemens führt unterm Kinn des Pferdes hindurch und sorgt dafür, daß das Trensengebiß nicht verrutscht. Außerdem hindert er das Pferd daran, das Maul aufzumachen, um die Zunge über das Gebiß zu drücken. Zwischen Pferdekinn und Nasenriemen müssen zwei Finger Luft sein, und der Nasenriemen muß vier Fingerbreiten von den Nüstern entfernt liegen, damit dem Pferd der Atem nicht abgeschnürt wird.*

Oben links: *Wer ein Pferd verkaufen will, möchte vielleicht mit sehr elegantem Zubehör wie etwa diesem Dressursattel auf einige besonders edle Merkmale hinweisen. Er verstärkt den Eindruck, daß das Pferd einen guten, wohlgeformten Rücken und schöne Flanken hat und keinerlei Hautkrankheiten aufweist. Außerdem ist das Auf- und Absatteln mit einem relativ leichten Sattel einfacher.*

Links: *Manche Pferde neigen dazu, sich, besonders beim Springen, Knieverletzungen zuzuziehen. Eine Möglichkeit, sie davor zu schützen, sind Gelenkschoner. Diese bestehen aus Leder und haben eine Innenpolsterung als zusätzlichen Schutz. Andere Gamaschen sollen insbesondere den hinteren Teil des Beines samt Sehnen schützen. Für den Transport gibt es leicht zu befestigende Transportgamaschen.*

Geschirr und Stall

Oben: *Wenn man ernsthaft daran denkt sich an Turnieren zu beteiligen, sollte man berückichtigen, wie zeitaufwendig das Trainieren sein kann, und auch die Kosten für die Reise und den Transport des Perdes zu den verschiedenen Turnierorten nicht vergessen. Hinzu kommt noch die spezielle Ausrüstung, die Reiter und Tier brauchen, um sich als zugehörig zu fühlen und nicht aus dem Rahmen zu fallen.*

Rechts: *Bei Turnieren und ganz besonders beim Dressurreiten muß man vorschriftsmäßig gekleidet sein. Sonst drohen Punktverluste für die unordentliche Erscheinung oder gar eine Disqualifikation. Um Enttäuschungen zu vermeiden, erkundigt man sich vor der Veranstaltung bei den Organisatoren nach den Regeln und Vorschriften. Sattel und Zäumung sollten zueinander und natürlich zum Pferd passen. Das Riemenzeug muß stramm sitzen, und es dürfen keine Schnällen lose herumhängen.*

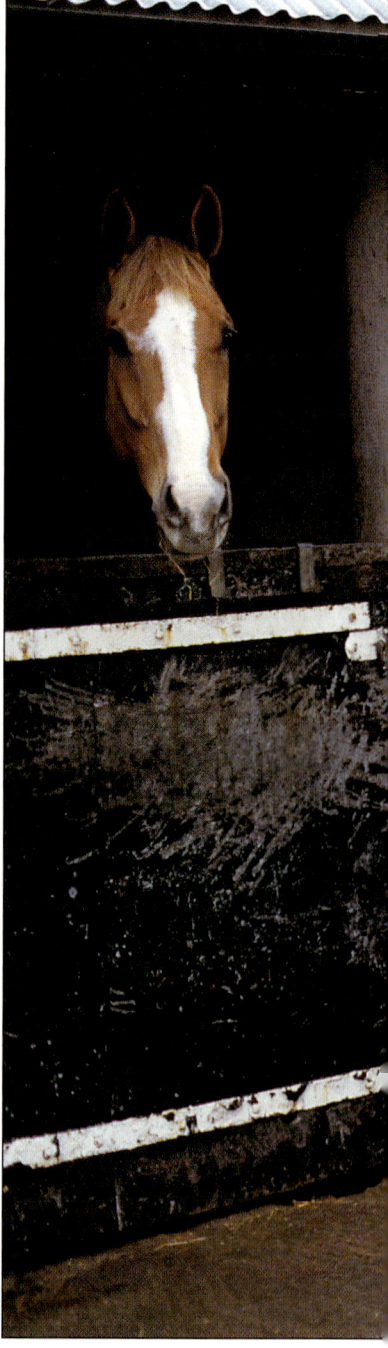

Links: Eine Stallung der Spitzenklasse in den USA. Die beiden einander gegenüberliegenden Boxenreihen sowie der Mittelgang werden von einem einzigen Dach überspannt. Das ist besonders bei stürmischem und regnerischem Wetter ideal für Pferde und Pflegepersonal, da dieses die Tiere im Trockenen versorgen und striegeln kann. Außerdem läßt sich hier notfalls zusätzliches Zubehör sowie Futter unterbringen.

Geschirr und Stall

Oben: Dieser etwas ältere Stall erfüllt seinen Zweck sehr gut, wenn mehrere Pferde unter einem Dach eingestellt werden sollen. Die Tiere können hinausschauen, Kontakt miteinander halten und sehen, was draußen um sie herum vorgeht. Das verhindert die Langeweile, wenn sie darauf warten müssen, geritten zu werden. Eine der Türen kann auch nur mit Maschendraht verschlossen werden, der noch Licht und Luft hereinläßt.

Links: Manche Pferde sind wahre Ausbruchskünstler. Sind sie einmal zufällig dahinter gekommen, wie man den Riegel oder die Klinke einer Stalltür aufmacht, und ist es ihnen einmal gelungen hinauszukommen, versuchen sie das immer und immer wieder. Dieser Tretriegel ist so angebracht, daß er unten an der Tür außerhalb Reichweite des Pferdes liegt – was dem besorgten Eigentümer eine ungestörte Nachtruhe beschert.

Die Pferdepflege

Damit das Pferd gut und gesund aussieht, muß man es sauberhalten, was bedeutet, daß es täglich gestriegelt werden muß. Jedes Tier braucht ein bestimmtes Maß an Pflege, besonders Haustiere, sonst starren sie bald vor Schmutz und sind mit Krankheiten und Parasiten behaftet, die ihnen ernstlich gefährlich werden können. In der Freiheit putzen Pferde sich bis zu einem gewissen Grade gegenseitig und wälzen sich in Staub und Schlamm, um dadurch die Anzahl von Läusen und blutsaugenden Insekten zu verringern. Wenn man ein Pferd regelmäßig putzt und vorbeugend gegen Krankheiten behandelt, kann man mit eigenen Augen verfolgen, was mit dem Tier innerlich wie äußerlich geschieht. So legen zum Beispiel einige Insektenarten wie die Pferdebremse oder die Dasselfliege ihre Eier im Fell des Pferdes ab, vorzugsweise auch an den Beinen, und gelangen so in den Magen. Sind die Eier reif, leben sie in Form von Würmern oder Larven im Pferdedarm weiter. Sie ernähren sich von dem, was das Pferd frißt, und rauben ihm auf diese Weise wertvolle Vitamine und Mineralstoffe, bis sie soweit sind, wieder ausgeschieden zu werden. Mit den erwachsenen Plagegeistern fängt der ganze Kreislauf wieder von vorne an. Wenn das Pferd nicht gegen Würmer behandelt wird, sieht es nicht gut aus und kann auch nicht ganz gesund sein. Ist das Pferd verlaust, wälzt es sich gewöhnlich im Staub und scheuert sich, um sich etwas Erleichterung von diesen Parasiten zu verschaffen.

Das Fell wird stumpf, die Haut weist wunde Stellen auf, und es kommt zu Schuppenbildung. Dagegen gibt es eine Vielzahl von sehr guten Pudern und Lotionen.
Sofern Ihr Pferd beim Putzen und Striegeln niemals verängstigt oder erschreckt wurde, wird es das Abwaschen und Kühlen bei heißem Wetter mit Wasser genießen. Man striegelt sein Pferd nach jedem Ausritt und nimmt ihm zuvor Sattel und Zaumzeug ab. Das hilft dem Tier, ruhig zu werden und seine Muskeln zu entspannen. Außerdem kann der Reiter feststellen, ob es mit den Hufen in irgend etwas hineingetreten ist oder sich irgendwelche Verletzungen an Bauch und Beinen zugezogen hat, besonders, wenn man über irgendwelche Hindernisse hinweggesprungen ist. Man tut außerdem gut daran, das Pferd vor dem Morgenausritt gründlich anzuschauen, denn oft kommt es vor, daß Verletzungen nicht sogleich zutage kommen. Stellt man Lahmen oder eine Schwellung fest, empfiehlt es sich, das Pferd nicht zu reiten, denn das verschlechtert den Zustand nur. Behandeln Sie die Verletzung, wenn Sie können; rufen Sie aber immer einen Tierarzt zu Hilfe, wenn Sie sich nicht sicher sind oder die Wunde nicht zügig verheilt. Mähne und Schweif sollten gebürstet werden, damit beide gerade und gleichmäßig wachsen. Ist der Schweif an der Rübe buschig geworden, läßt er sich nur unter Schwierigkeiten wieder in Form bringen. Schwanzbandagen helfen, die Haare in der gewünschten Lage zu halten.

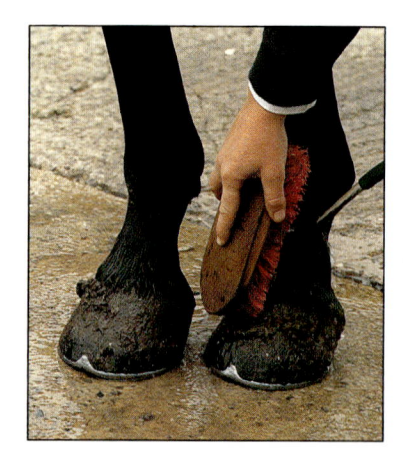

Oben: Die Hufe sollten vor und nach jedem Ausritt gründlich abgebürstet werden. Dafür muß man sich immer die nötige Zeit nehmen, um zu verhindern, daß sich dicke Schlammkrusten bilden. Ein Wasserschlauch ist nützlich, um den gröbsten Dreck abzuspritzen.

Rechts: Das Pferd ab und zu von Kopf bis Fuß gründlich zu waschen wird ihm gut tun; das Tier wird dann alle jene Schmutzpartikel los, die auch einer guten Bürste widerstehen. Dabei hält ein Partner das Pferd und beruhigt es.

Links: Augen und Gesicht werden mit einem nassen Schwamm vorsichtig gereinigt. Das erfrischt das Pferd nicht nur, sondern spült auch unerwünschten Schmutz und Schweiß weg. Dabei sollte man das Pferd immer am Kopfhalfter festhalten, damit es sich beim Waschen nicht wegdreht; und man geht behutsam vor, denn das Maul ist ein sehr empfindlicher Bereich.

Die Pferdepflege

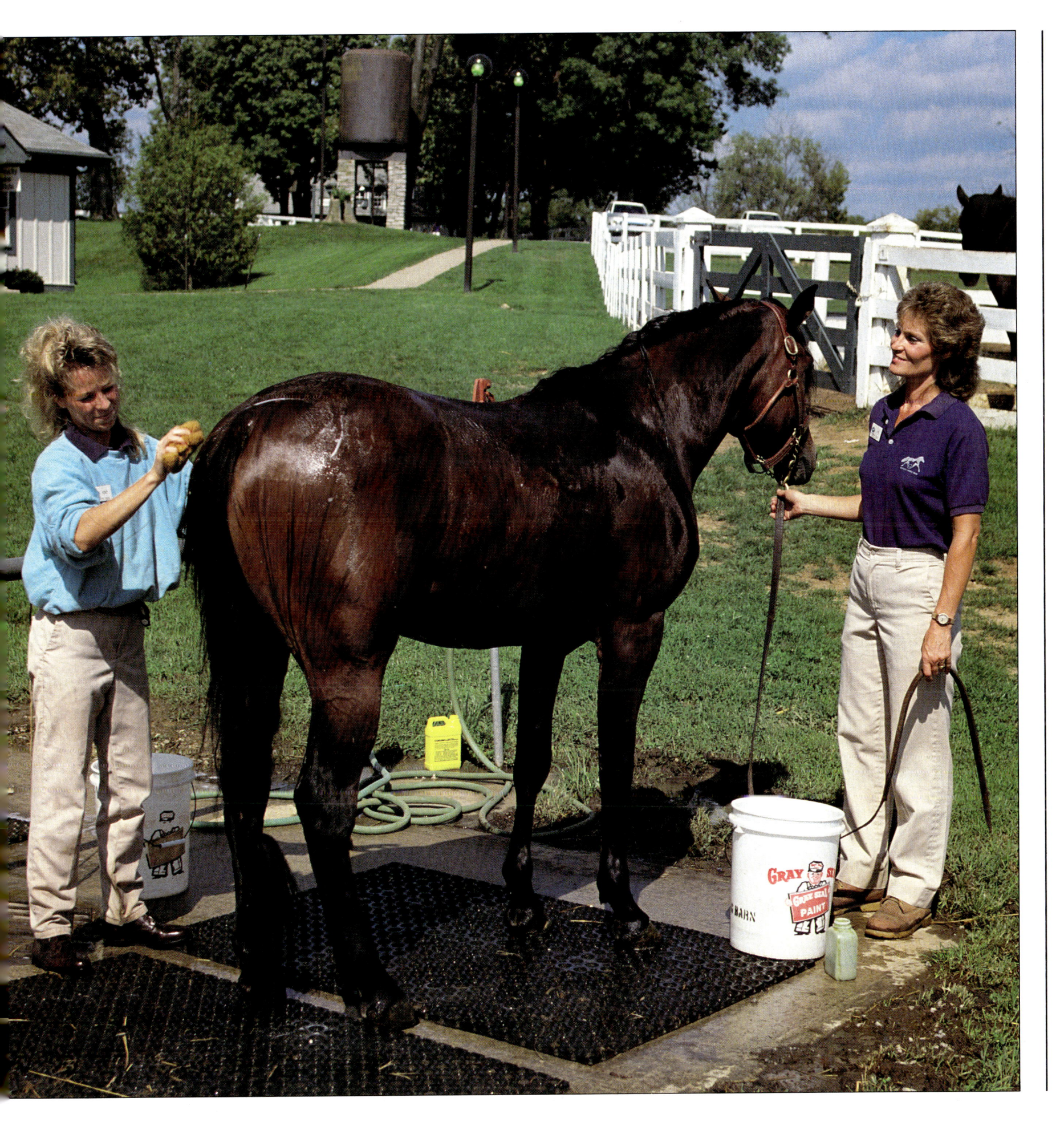

Oben: Den Schweif zu flechten erfordert Zeit und viel Geduld. Nicht alle Pferde bleiben lange genug ruhig stehen, manche schlagen vielleicht aus. Tip: auf der anderen Seite der Stalltür arbeiten.

Unten: Ein sauber geflochtener Schweif stellt die Krönung eines besonders gepflegten Pferdes dar. Ist man damit fertig, sollte man sich vergewissern, daß das Pferd sich nicht scheuert.

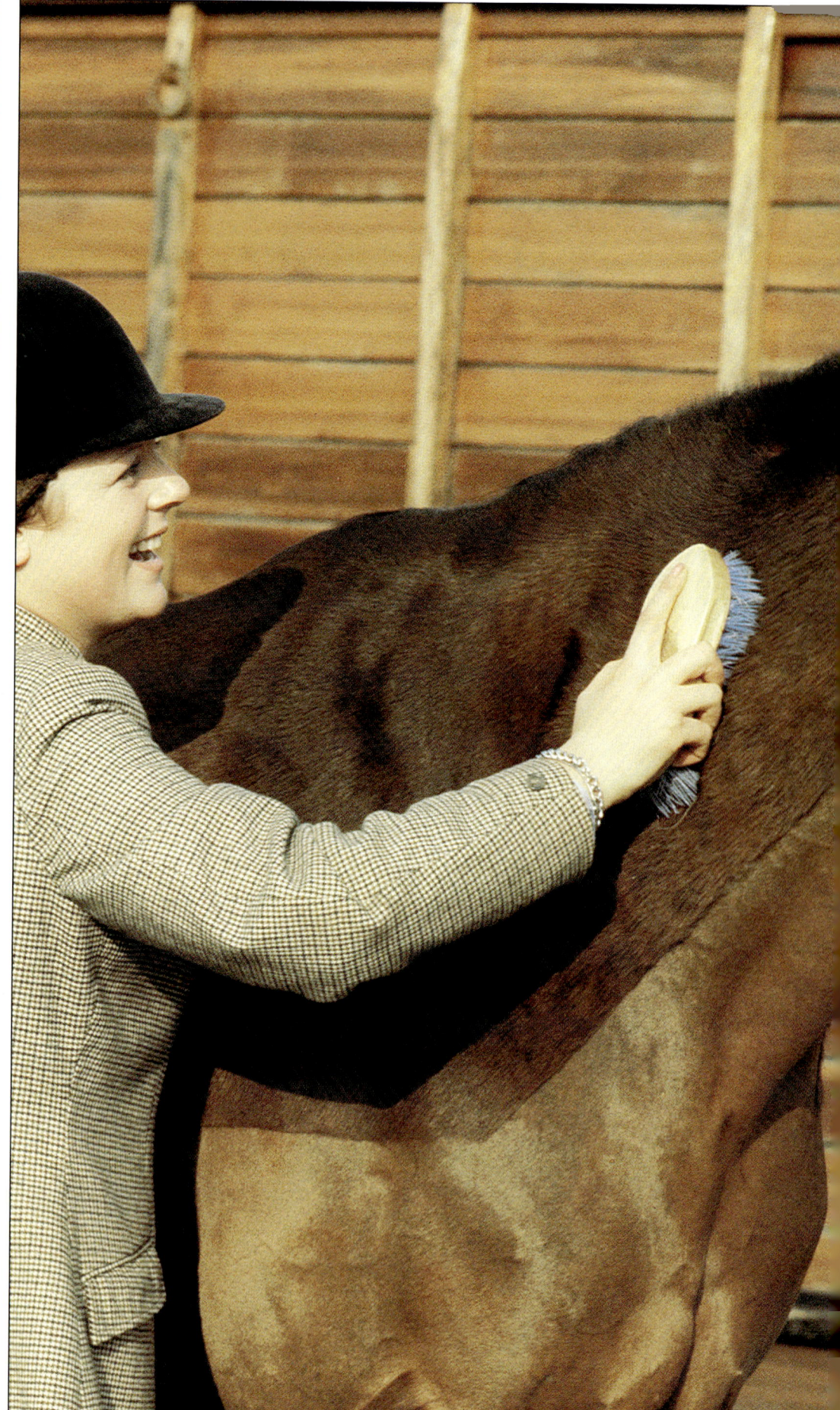

Die Pferdepflege

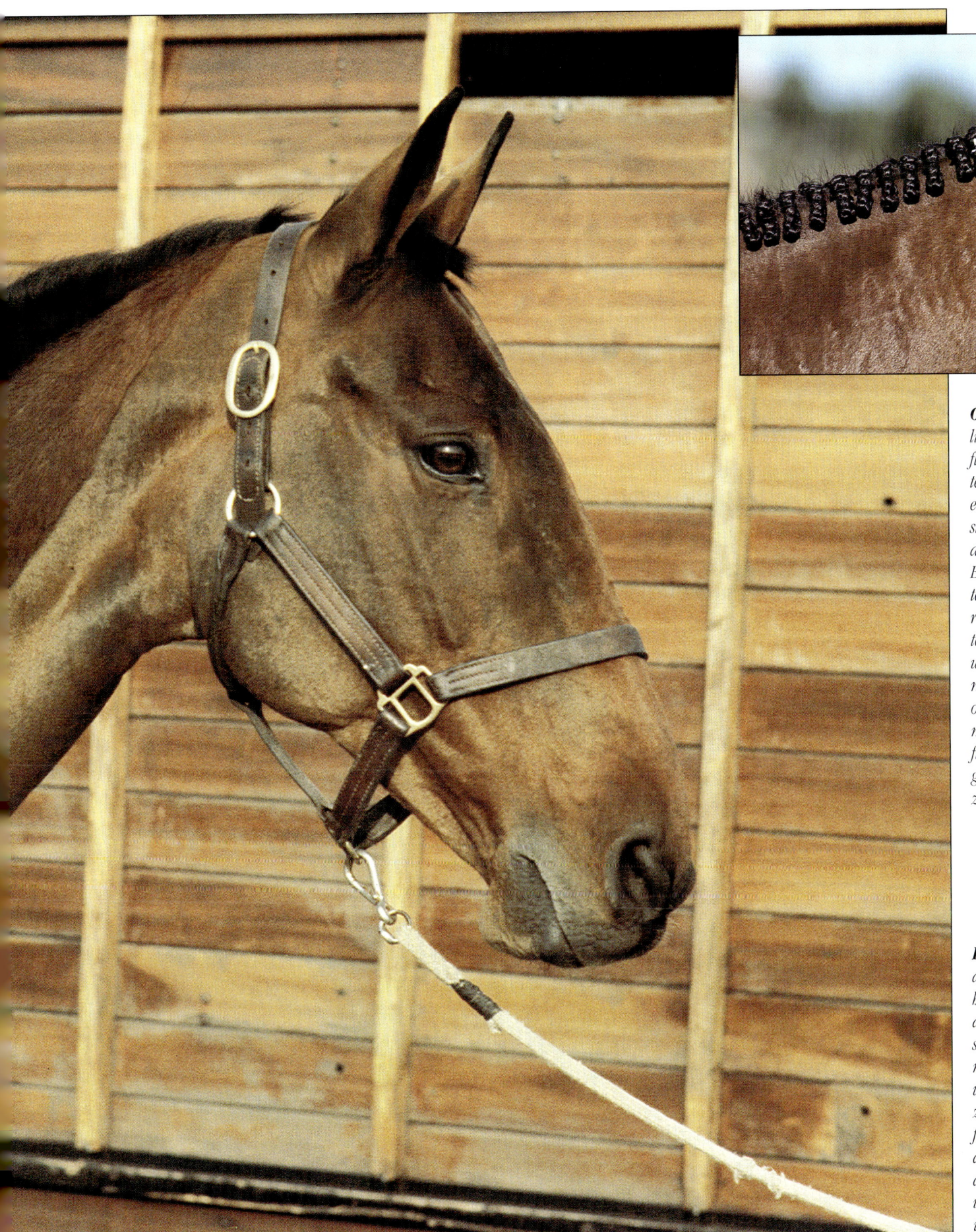

Oben: Es gibt mehr als eine Möglichkeit, eine Pferdemähne zu flechten. Bei der hier abgebildeten Methode handelt es sich um eine Reihe in gleichmäßigen Abständen fest geflochtener Zöpfe, die einen besonders adretten Eindruck machen. Die Flechttechnik ist nicht leicht. Die kürzeren Haare müssen beim Flechten mit hineingenommen werden, ohne daß der Zopf einem aus den Fingern gleitet oder zu lose wird. Richtig gemacht, trägt diese Art des Mähneflechtens dazu bei, einen kräftigen Hals besonders vorteilhaft zur Geltung zu bringen.

Links: Bürsten hilft nicht nur, das Fell sauber und gesund zu halten, sondern stimuliert auch die Muskeln. Die Bürstenstreiche sollten möglichst glatt und niemals gegen den Strich gemacht werden. Manche Pferde kitzelt es zu sehr, wenn sie mit einer steifen Bürste gebürstet werden, so daß sie anfangen zu springen; das geschieht vor allem dann, wenn man die empfindlicheren unteren Bereiche bürstet.

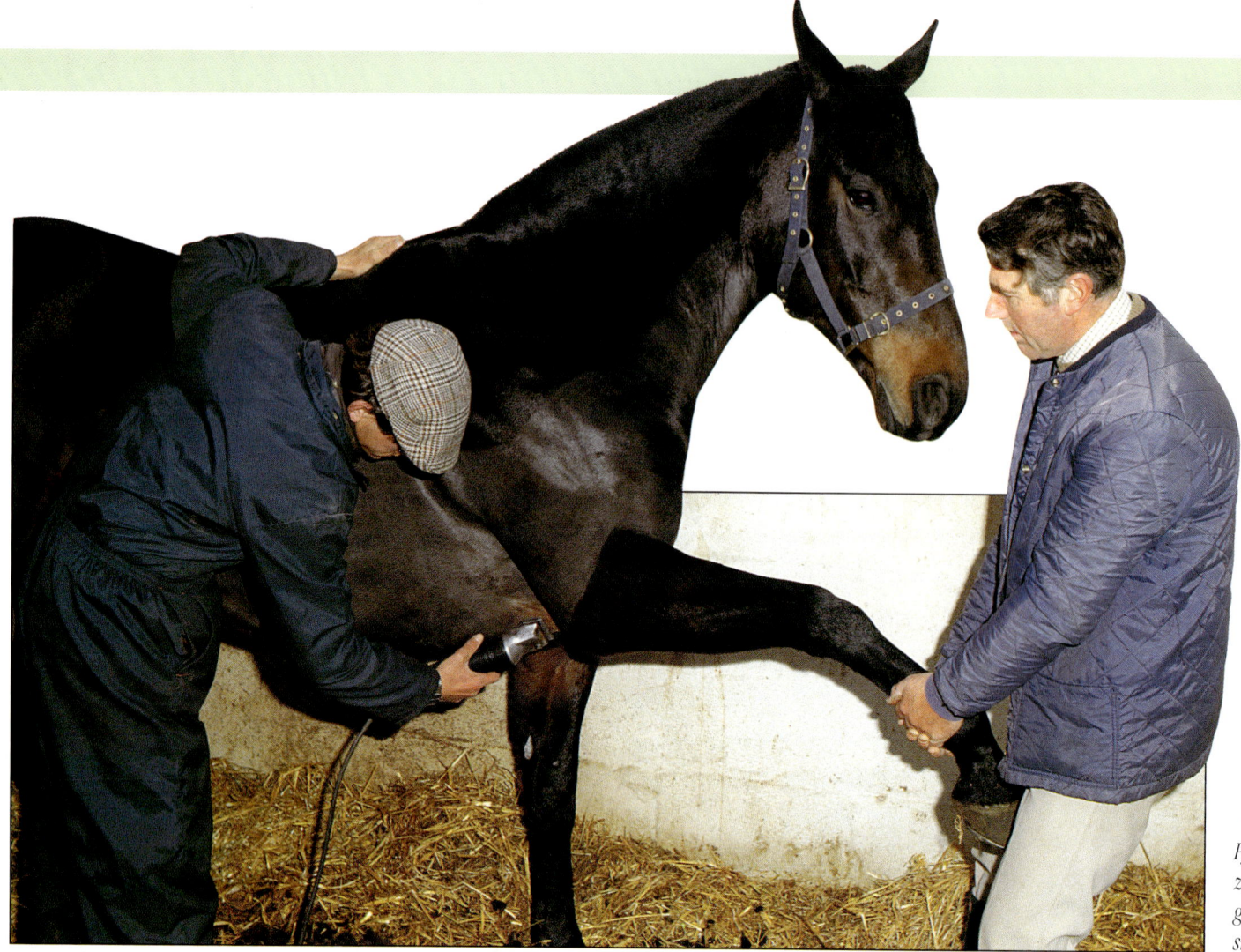

Links: *Nicht alle Pferde haben es gern, wenn sich die Haarschneidemaschine nähert. Um die Tiere davon abzuhalten, zurück oder zur Seite zu gehen, nimmt man ein Vorderbein und hält es hoch. Sollte das Pferd versuchen auszukeilen, würde es das Gleichgewicht verlieren. Außerdem ist ein Gehilfe beim Scheren unter den Beinen praktisch. Das Fellscheren dient vornehmlich dazu, das Pferd vor übermäßigem Schwitzen zu bewahren und das Reinigen zu erleichtern, wenn ein Pferd sich z.B. im Schlamm gewälzt hat.*

Rechts: *Diese selbstgebaute Eckkrippe ist außerordentlich zweckdienlich. Der Krippenboden ist nicht porös, so daß das Futter nichts von seiner Qualität verliert, denn manche Futterarten werden eingeweicht, damit sie besser verdaulich sind. Wenn die Krippe so in der Stallecke angebracht wird, stört sie am wenigsten; das Pferd kann immer noch mühelos fressen, doch laufen die Menschen weniger Gefahr, sich zu stoßen. Wichtig ist vor allem, daß sie keine scharfen Ecken oder Kanten aufweist, an denen das Pferd sich verletzen könnte. Ein in die Wand eingemauerter Ring dient dazu, das Pferd beim Füttern in Krippennähe oder auch zum Striegeln anzubinden. Ehe man neues Futter eingibt, sollte man dafür sorgen, daß sämtliche Reste der vorhergehenden Mahlzeit entfernt worden sind. Niemals einfach „auffüllen", denn unten liegendes Futter schimmelt.*

Die Pferdepflege

Links: *Eines der größten Probleme stellt die Aufbewahrung des Futters dar. Die Futterkammer sollte vor allem trocken und doch gut gelüftet sein, damit das Futter frisch, leicht zugänglich und zugleich vor Nagern geschützt ist. Jedes Pferd sollte eine genau seinem Gewicht und dem Maß an körperlicher Arbeit entsprechende Menge Futter erhalten. Ein Pferd, das kräfte- und arbeitsmäßig überhaupt nicht gefordert wird, wird sonst leicht übergewichtig und verliert seine Kondition; ein hart arbeitendes Pferd hingegen verbrennt mehr Energie und braucht daher mehr Kalorien.*

Nächste Doppelseite: *Der Winter ist natürlich die härteste Jahreszeit für im Freien gehaltene Pferde, und deshalb sollte man alles tun, um ihr Leben zu erleichtern. Der hier gezeigte Futterständer kann Heu genauso wie Korn aufnehmen – das Heu oben in der Raufe, das Korn unten im Futtertrog. Obwohl Pferde den gefrorenen Boden aufkratzen und nach Gras suchen, sollte ihnen Heu jederzeit zur Verfügung stehen. Irgendein einfacher Unterstand, in dem die Pferde bei schlechtem Wetter Schutz suchen können, ist empfehlenswert; er braucht nicht groß zu sein, sollte ihnen jedoch jederzeit freien Zugang ermöglichen.*

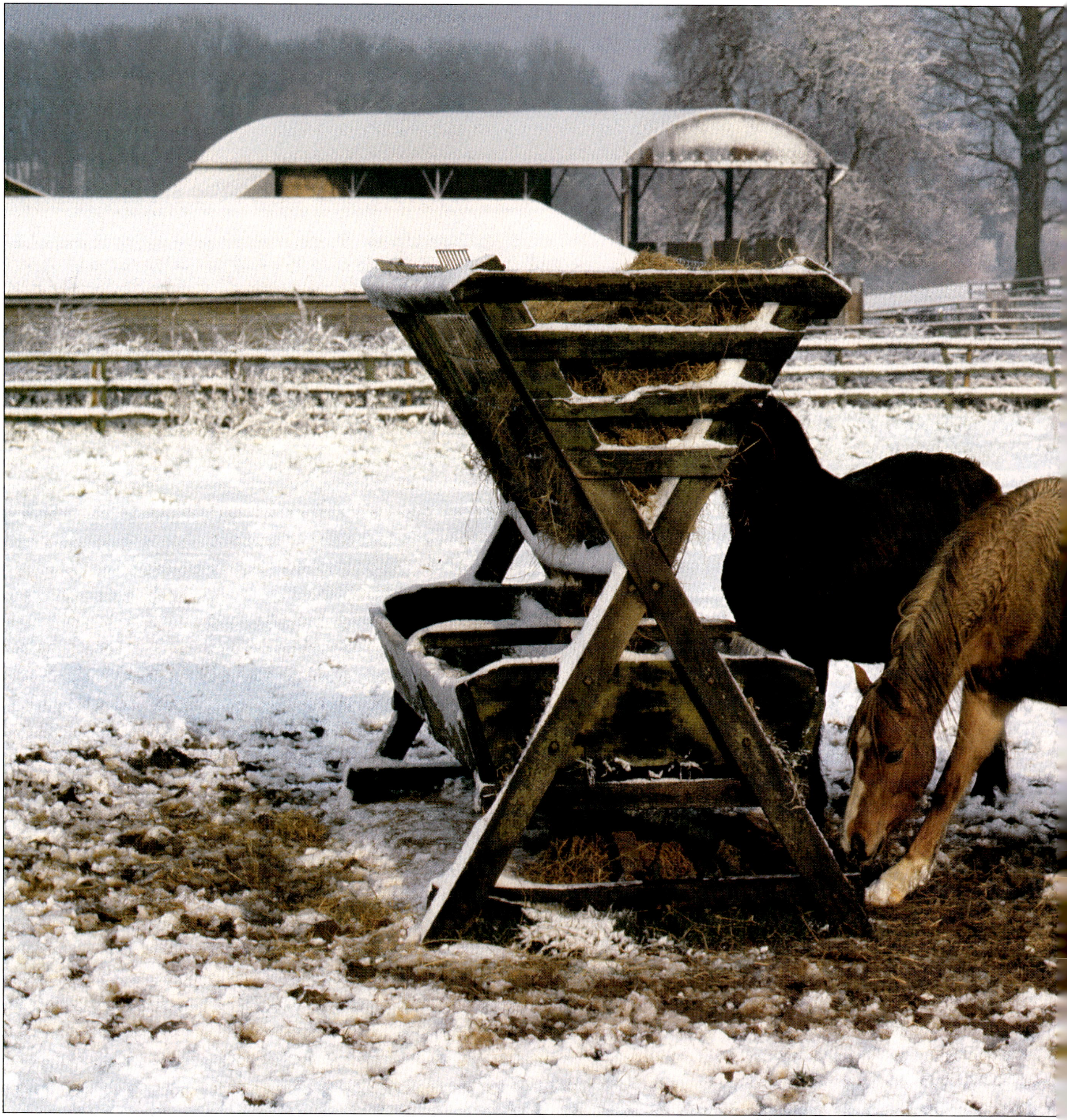

Die Pferdepflege

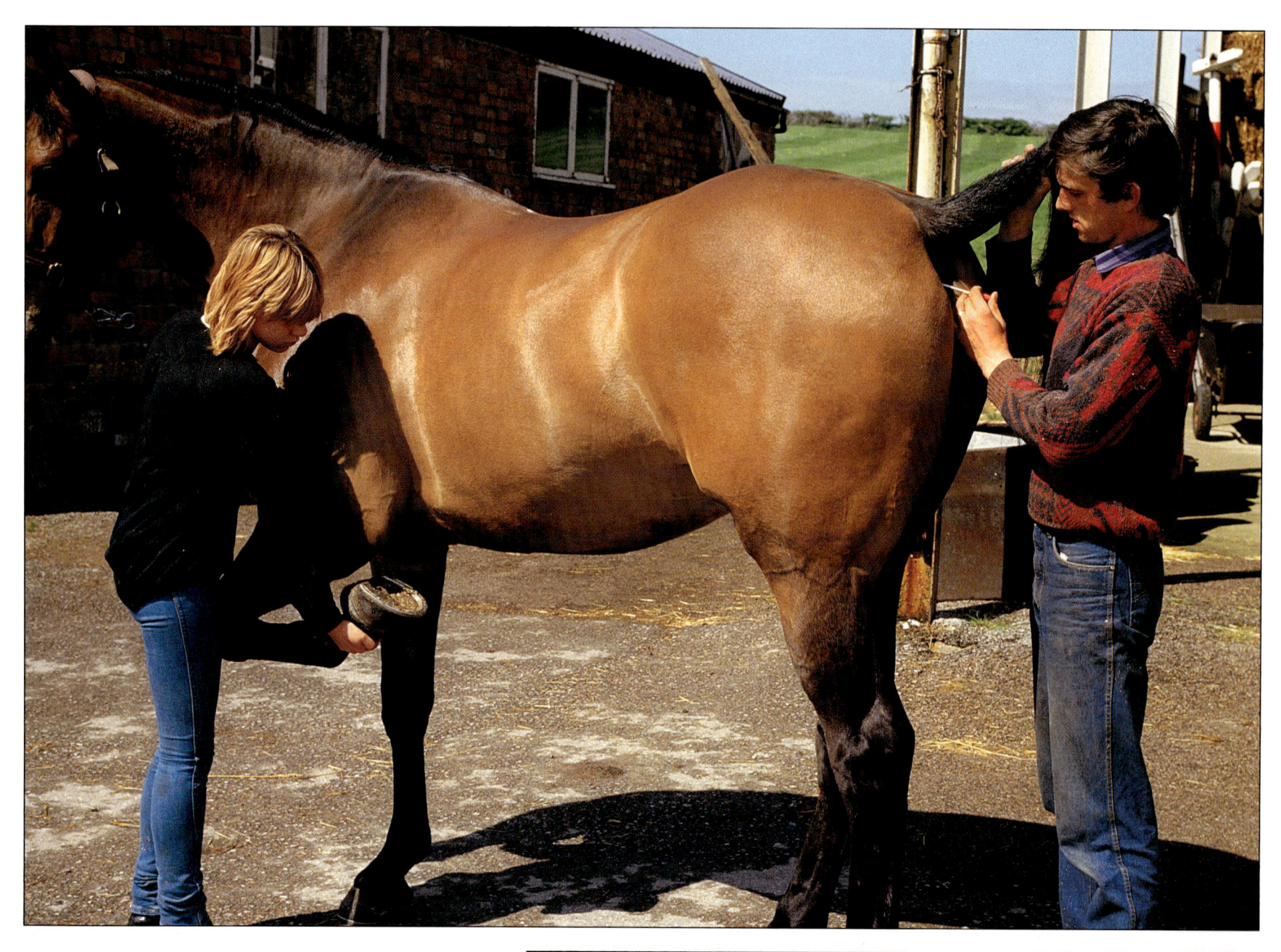

Oben: Zeigt ein Pferd Anzeichen einer Krankheit wie etwa schweres Atmen, erhöhten Puls, ungewöhnlichen Durst oder Wärmeentwicklung unten an den Ohren, sollte man seine Temperatur messen. 37,5-38,2 Grad Celsius sind normal. Besitzt man das richtige Thermometer und hält jemand das Vorderbein des Pferdes, um es vom Auskeilen abzuhalten, kann man das selber machen. Schweißausbrüche mit nachfolgender beschleunigter Atmung sowie allgemeine Unruhe sind meist ein Zeichen für Schmerzen.

Rechts: Sehnen und Bänder des Pferdes zu überprüfen ist deshalb so wichtig, weil ein Pferd mit Schwächen oder Schäden am Bewegungsapparat nicht ohne Schutzmaßnahmen gearbeitet werden darf und täglich behandelt werden muß. Sind die Sehnen eines Pferdes von Natur aus schwach, muß es immer bandagiert werden. In kaltem Wasser stehen, kalte Kompressen und Einreiben mit Salben läßt Schwellungen ebenso zurückgehen wie völlige Ruhe. Die Bänder hinter dem Unterarmknochen sind am leichtesten verletzlich.

Die Pferdepflege

Unten: Wenn ein Pferd im Freien lebt und keine besonders gute Kondition hat, sollte man sich seine Zähne anschauen und sehen, ob sie auch richtig wachsen. Sind sie nicht gleichmäßig lang, wird es für das Tier schwierig oder gar unmöglich, das Gras mit den Backenzähnen zu zermahlen. Auch können Zähne brechen, und die scharfen Kanten rufen Verletzungen im Maul hervor. Dann hat das Pferd grundsätzlich Schwierigkeiten zu fressen. Ungleichmäßiger Zahnwuchs und scharfe Kanten lassen sich leicht mit einer Feile oder Raspel ausgleichen. Der Vorgang ist für das Pferd absolut schmerzlos und sollte mindestens einmal im Jahr vorgenommen werden. Für solche Aufgaben suche man sich fachmännische Hilfe.

Rechts: Entzündete Augen werden von Fliegen verursacht und kommen zumeist im Sommer vor. Man wird die Entzündung sehen und erkennen, daß das Auge eine wässerige Flüssigkeit absondert. Die Augen werden mit kaltem, schwachem Tee, einer Kaliumpermanganatlösung oder Borsäure ausgespült. Dann trägt man eine vom Tierarzt verordnete Augensalbe auf.

Ausbildung und Training

Für ein Pferd gilt dasselbe wie für jedes andere Tier, das ausgebildet werden muß: Will man spätere Trainingsschwierigkeiten vermeiden, sollte es möglichst früh richtig von falsch unterscheiden lernen. Möglichst früh heißt bei einem Fohlen, sobald es frei umherläuft. Wie alle Lebewesen, lernt ein Pferd viel schwerer, wenn es bereits älter ist; auch Unarten lassen sich ihm dann nicht so leicht abgewöhnen. Ruhig, aber mit fester Stimme gibt man seine Anweisungen, damit das Pferd die Kommandos versteht, ohne sich zu erschrecken. Niemals darf man ein Pferd aus Frustration oder Ärger heraus erschrecken, denn das bringt das Pferd nur dazu, einem zu mißtrauen, und man erreicht damit vermutlich nur das Gegenteil dessen, was man möchte. Nach und nach gewinnt man sein Vertrauen; ein Pferd weiß genau, wann der Mensch, mit dem es im Augenblick zu tun hat, nervös ist, und wird damit reagieren, daß es bockig und unlenkbar oder verängstigt und launisch und ungebärdig wird. Ein solches Verhalten ist in jedem Fall äußerst schädlich und führt schlimmstenfalls dazu, daß jemand verletzt wird. Kommandos gibt man fest, ruhig und nie inkonsequent: An das Pferd gerichtete Vorwürfe sollten sofort in scharfem Ton kommen, damit es genau weiß, daß es soeben Fehler gemacht hat. Im allgemeinen genügt ein lautes „Nein!". Gleichzeitig achtet man darauf, das Pferd zu loben und zu klopfen, wenn es etwas richtig macht, denn dann gewinnt es Vertrauen und wird nach und nach den spezifischen Anweisungen und Befehlen, die man ihm gibt, Folge leisten.

Nach einer kurzen Ausbildungszeit sollte man nicht zuviel von seinem Pferd erwarten. Allerdings steht fest, daß manche Pferde schneller lernen als andere. In den Anfangsstadien sollte das Pferd die einfachsten Kommandos verstehen und ausführen lernen. Dabei gewöhnt es sich an die Stimme seines Ausbilders. Man übt immer nur ein Kommando und wiederholt geduldig, bis es befolgt wird. Fortgeschrittenentraining hat keinen Sinn, bevor nicht die Grundlagen fest sitzen.

Viel von dem, was man seinem Pferd beibringt, wird einfache Übungen nach sich ziehen, von denen Pferd wie Reiter gleichermaßen profitieren; man sollte die Stunden der Ausbildung so begreifen, daß man damit sich und seinem Pferd viel Gutes antut. Frische Luft und viel Bewegung tun not, wenn das Pferd gesunde Lungen, ein gesundes Herz und kräftige Muskeln bekommen soll; deshalb baut man einen wohldurchdachten Übungsablauf von Schrittgehen, Laufen und möglicherweise Springen auf. Selbst wer nicht ständigen Zutritt zu einer Koppel oder Weide hat, sollte mit dem Pferd regelmäßig auf einem Hof, einem Park in der Nähe oder in waldiger Umgebung arbeiten. Hat man selbst keine Zeit, sein Pferd täglich zu trainieren, sorgt man dafür, daß jemand anders das übernimmt. Pferdeliebhaber ohne eigenes Pferd sind häufig scharf darauf auszuhelfen, wenn man ihnen dafür die Chance bietet, auch selbst zu reiten. Man darf dabei aber nicht vergessen, daß ein Pferd, das von einer Person über einige Zeit gepflegt wird, an dieser hängt und später Schwierigkeiten hat, die Rufe und Kommandos anderer Menschen zu befolgen. Es gewöhnt sich langsam an einen neuen Besitzer; das gilt auch für einen neuen Pfleger.

Links: *Wenn es zu unbequem oder gar unmöglich ist, das Pferd regelmäßig im Gelände zu bewegen, kann man auf die Longe zurückgreifen, doch dafür braucht man viel Platz.*

Rechts: *Mit der Morgenarbeit setzt man die Pferde instand, den Tag gut zu beginnen, und gibt ihnen in dieser Reitschule die Chance, sich im Gruppengalopp zu lockern.*

Unten: *Manche Pferde brauchen eine strenge und geduldige Ausbildung, damit sie ihr volles Potential erreichen. Das gilt vor allem, wenn sie wie hier die verschiedenen Gangarten der Dressur beherrschen sollen.*

Ausbildung und Training

Rechts: *Beim Ausreiten auf dem Lande muß man darauf gefaßt sein, vielen Hindernissen zu begegnen – dazu gehört mit Sicherheit ein geschlossenes Gatter. Vorausgesetzt, das Gatter dreht sich gut in den Angeln und geht leicht auf, erübrigt es sich abzusitzen. Das Gatter hinterher unbedingt wieder zumachen. Allerdings braucht es viel Übung, denn nicht alle Gatter und Tore haben dieselben Beschläge.*

Unten: *Manchmal läßt es sich nicht vermeiden, auf der Straße zu reiten. Dabei ist es äußerst wichtig zu wissen, ob und wie das Pferd mit plötzlichem Lärm von Autos und Motorrädern fertig wird. Man wage sich nie mit einem Tier auf die Landstraße hinaus, dem man nicht unbedingt vertrauen kann, besonders dann, wenn es schon auf dem Hof oder der Koppel Furcht vor Motorfahrzeugen bekundet. So etwas könnte zu einem ernsthaften Unfall führen.*

Rechts: *Zirkuspferde bekommen vieles beigebracht, unter anderem Knien, Steigen und sich vor dem Publikum zu verneigen, doch dauert es sehr lange, sie so auszubilden, daß sie die nötigen Bewegungen ausführen. Um die Pferde zu ermutigen, werden ihnen bei der Ausbildung Leckerbissen als Belohnung angeboten. Früher wurden die Pferde strengen, ja häufig sogar grausamen Trainingsmethoden unterworfen. Heute neigen die meisten Ausbilder dazu, sich auf das instinktive Verhalten der Tiere und seine natürlichen Neigungen zu konzentrieren. Hier wird das Pferd durch Anbieten von etwas Leckerem ermuntert, den Kopf zurückzunehmen, wodurch es die gewünschte Bewegung ausführt. Es lernt also ohne Zwang.*

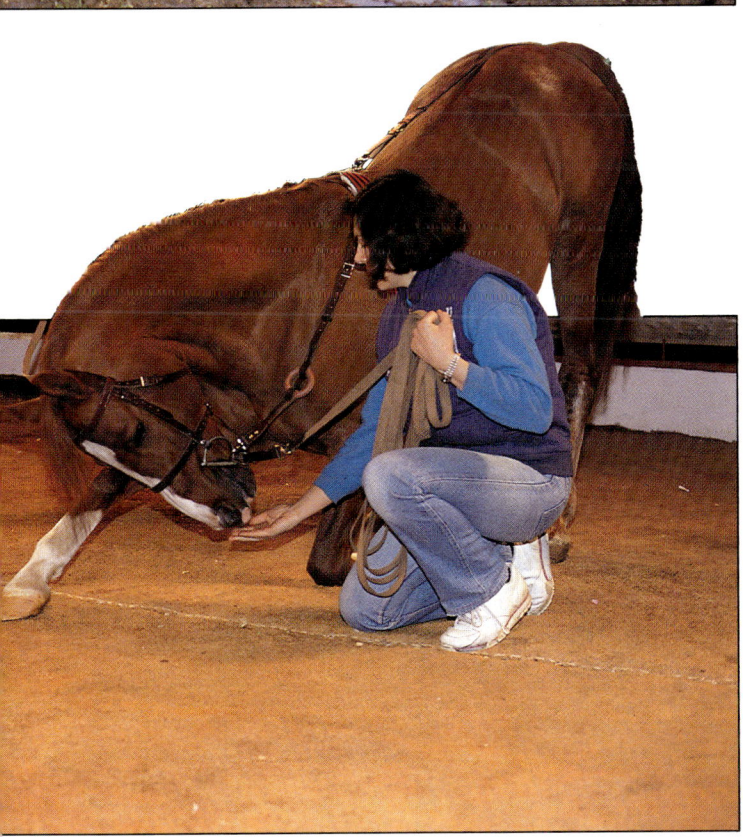

Ausbildung und Training

Rechts: Es erfordert viele Stunden täglichen Trainings, um Spitzenleistungen zu erzielen, zu denen etwa dieser Olympiachampion fähig ist. Der Reiter muß jede Bewegung und jede Anweisung auf die Sekunde genau abstimmen. Das höchste Ziel des Dressurreiters ist es, den Eindruck einer einzigen fließenden Bewegung hervorzurufen. Um Erfolg zu haben, muß das Tier gesund und absolut gehorsam sein.

Links: Nicht alle Pferde reagieren gut auf Wasser, und manche gewöhnen sich nie daran, auch wenn sie sonst in jeder Hinsicht Ausgezeichnetes leisten. Das kann für den Reiter besonders bei Wettkämpfen sehr frustrierend sein, da bei den meisten ein Graben zu bewältigen ist.

Rechts: Ein Pferd dazu zu bringen, korrekt zu springen, ist ein langsamer und mühseliger Prozeß, der vom Reiter viel Geduld und Können erfordert. Wird das Kommando zu früh gegeben, schafft das Pferd das Hindernis oft nicht, verheddert sich oder prallt auf die Stangen auf. Mit dem Kommando solange zu warten, bis es zu spät ist, bedeutet, daß das Pferd einfach ziellos durch das Hindernis prescht.

Ausbildung und Training

Rechts: Pferde sind von Natur aus Springer und können erstaunlich hohe Hindernisse überwinden, etwa ein Gatter, eine Hecke oder eine künstliche Mauer wie auf dem Parcours. Zu Beginn der Ausbildung legt man Stangen auf den Boden, über die das Pferd hinweggehen muß. Später baut man provisorische Hindernisse auf wie hier, wo Stangen einfach lose über Ölfässer gelegt wurden.

Rechts: *Die Dressurübungen fallen gewöhnlich zu Hause viel leichter, als sie vor einer Menge Schaulustiger und einer Reihe von Jury-Mitgliedern zu absolvieren. Es kommt vor, daß Pferde in gewohnter Umgebung tadellos arbeiten, aber Widerstände zeigen, wenn sie unter Druck in einer Wettkampfsituation stehen.*

Oben: *Rennpferde müssen jeden Morgen gründlich trainiert werden. Manche Rennstallbesitzer haben mehrere Jockeys und Pfleger für diese tägliche Routine.*

Links: *Diese Anlage wurde eigens konstruiert, um mehrere Pferde gleichzeitig zu bewegen – für größere Ställe mag das eine nützliche Einrichtung sein. Die Pferde können – jedes in seiner Sektion, die sich um den Mittelpfeiler herum bewegt – frei im Kreis gehen.*

Rechts: *Hindernisrennen erfordern schnelle Pferde, die ohne Zögern springen. Der Rücken ist gerade gestreckt, und die Vorderbeine sind angewinkelt; der Kopf darf auf natürliche Weise vorgestreckt werden. Der Reiter ist beim Sprung dicht an das Pferd geschmiegt.*

Ausbildung und Training

Links: Scharfes Umreiten von Hindernissen wie diesem Faß hilft, dem Pferd die korrekte Ausführung beizubringen. Der Reiter zieht je nach der gewünschten Richtung am Zügel. Zieht er also rechts, bedeutet das, daß das Pferd nach rechts gehen soll.

Unten: Ehe das Pferd anfängt, niedrige Hindernisse zu bewältigen, sollte es daran gewöhnt werden, über auf dem Boden liegende Stangen hinwegzugehen. Man stellt zwei senkrechte Stangen auf, um das Pferd zu ermutigen, schnurgeradeaus zu gehen.

Rechts: Lange Zügel eignen sich, um mit Pferden mit und ohne Reiter zu arbeiten. Sie sind nichts weiter als eine Verlängerung der ganz normalen Zügel, und das Pferd kann von seinem ein paar Schritt hinter ihm gehenden Helfer gelenkt werden. Es wird bald lernen, einer Reihe von Anweisungen und Signalen zu folgen wie etwa dem zum Anhalten, Weitergehen, Wenden links oder rechts. Die jungen Lipizzaner der Spanischen Hofreitschule in Wien verbringen einen großen Teil ihrer Ausbildungszeit am langen Zügel

Ausbildung und Training

Rechts: *Manche Reiter bilden sich ein, nur ihr Pferd müsse superfit sein, um bei irgendwelchen Wettkämpfen, vor allem aber bei sehr anstrengenden, gegen andere Pferde antreten zu können. Doch wie jeder Reiter mit einiger Wettkampferfahrung weiß, muß auch der Reiter entsprechend fit sein, vor allem bei einigen der besonders schweren Wettkämpfe, bei dem auch seine Kraft gefordert ist. Das gilt besonders für strapaziöse Langstreckenritte, bei denen es durch unwegsames Gelände geht wie hier.*

Ausbildung und Training

Arbeit und Vergnügen

Viele Leute überall auf der Welt halten ein Pferd, um den Beruf mit dem Vergnügen verbinden zu können. Das gilt besonders für abgelegene Berggegenden und unwirtliche Landstriche, wo Autos entweder nicht zu gebrauchen sind oder einfach nicht zur Verfügung stehen. Außerdem gibt es Gemeinschaften von Menschen, die sich bewußt gegen irgendwelche Motorfahrzeuge entscheiden und glücklich sind, genauso weiterzumachen, wie es schon ihre Vorfahren vor Hunderten von Jahren gehalten haben. Bestimmte Stammesangehörige leben so eng mit ihrem Pferd zusammen, daß dieses ihnen sein ganzes Leben lang kaum von der Seite weicht – es ist ein ähnliches Verhältnis wie zwischen einem Menschen und einem Arbeitshund, aus dem ein guter Freund wird. Die enge Beziehung zwischen Mensch und Tier führt zu einem größeren wechselseitigen Verständnis. Früher haben die Bauern ihr Pferd vor Pflug oder Wagen gespannt oder sind auf ihm zum nächsten Wirtshaus geritten, zum Nachbarn und zum Markt oder auf die einmal im Jahr stattfindende Kirmes oder andere Feste. Es ist herzerfrischend, wenn man erfährt, daß es solche Traditionen in manchen Teilen der Welt auch heute noch gibt und dies nicht nur eine Frage der persönlichen Entscheidung ist, sondern zum Teil daran liegt, daß das immer noch eine äußerst praktische Lebensweise ist. In nicht so abgelegenen Gegenden werden Pferde weniger zur Arbeit als vornehmlich zum Vergnügen gehalten und gezüchtet. Deshalb gibt es von einigen Arbeitspferderassen zunehmend weniger Exemplare. Doch ist der Trend dabei, sich umzukehren, da der Mensch sich zunehmend der ökologischen Probleme bewußt wird, zu denen das Auto geführt hat. Nach alten Methoden wirtschaftende Bauernhöfe und Freilichtmuseen gewähren Einblicke in die Lebensweise von früher und helfen, einige der älteren Zuchtformen zu bewahren. Das Pferd ist vermutlich das vielseitigste Tier, das es je gegeben hat, und man hat es unter den verschiedensten Zielvorstellungen gezüchtet. Wie wir schon gesehen haben, hat das Pferd auf der ganzen Welt mit einer Fülle von Freizeitaktivitäten zu tun, die häufig unter unwirtlichen Bedingungen stattfinden, von heißen, trockenen Wüsten bis zu Eisregionen. Kutschen- und Wagenrennen, bei denen man unwillkürlich an die altrömischen Streitwagen denkt, erfreuen sich zunehmender Beliebtheit und sind für Teilnehmer wie Zuschauer gleichermaßen aufregend. Die Vorbereitung für ein solches Ereignis kann viel Zeit und Geld verschlingen, vor allem, wenn man ein Team von acht oder noch mehr Pferden unterhält; sähe man darin jedoch keine Form des Sports, würde kaum jemand sich dafür interessieren. Manche Sieger bringen beträchtliche Preisgelder nach Hause, doch der echte Reiter oder die echte Reiterin wird freimütig zugeben, daß sie ausschließlich aus Liebe zur Sache und aus Lust am Wettkampf mitmachen. Andere Menschen haben einfach nur Spaß daran, ein Pferd zu halten und regelmäßig darauf zu reiten. Diese Menschen haben mit Schauwettbewerben und Wettkämpfen nichts im Sinn, genießen es aber, durch Wald und Flur zu reiten und über viele Jahre hinweg einen so guten Gefährten wie ein Pferd zu haben.

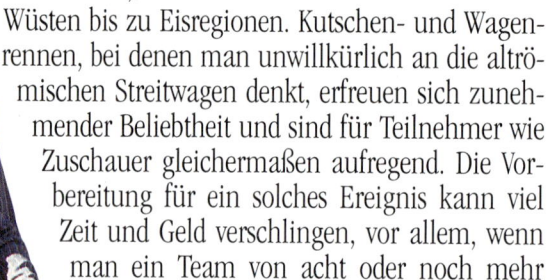

Oben: In vielen Teilen der Welt sind Packpferde ein vertrauter Anblick, ob die Tiere nun Feuerholz oder irgendwelche anderen Lasten tragen. Wichtig ist, die Last auf beiden Seiten gleichmäßig zu verteilen, um die Trittsicherheit auf schmalen Pfaden zu gewährleisten.

Links: Rancharbeiter in Nevada. In den USA sind Pferde nach wie vor das praktischste Mittel zum Treiben und Beaufsichtigen der Rinderherden auf den staubigen Ebenen. Für diese Art von Arbeit braucht das Pferd Intelligenz und Ausdauer.

Rechts: Die berittene Polizei von Hillsborough (USA) veranstaltet für die Öffentlichkeit ein eindrucksvolles Schaureiten. Die Vorführung ihres reiterlichen Könnens ist gleichzeitig ein gutes Public-Relations-Programm und beweist, daß Polizeiarbeit auch ihre angenehmen Seiten hat.

Arbeit und Vergnügen

Rechts: *Manchmal ist man gezwungen, ein Pferd draußen anzubinden, damit es nicht wegläuft und sich verläuft. Dies Pferd in Guatemala ist nahe am Ufer angebunden, damit sein Besitzer ihm eine Ladung Fische aufbürden kann. Dennoch sollte man Pferde unbeaufsichtigt nie über längere Zeit angebunden lassen, denn das Wetter ist unberechenbar. Heftige Niederschläge, eisige Winde oder sengende Hitze lassen ein ungeschütztes Pferd rasch leiden. Das Seil sollte von guter Qualität sein und dem Pferd nie direkt um den Hals gebunden werden. Sonst kann es zu einem tödlichen Unfall kommen, wenn das Pferd sich in der Leine verheddert und sich nicht selbst befreien kann. Man verwendet stets ein Kopfhalfter und befestigt daran das Seil.*

Arbeit und Vergnügen

Links: *Rancher in Texas und anderen unwegsamen ländlichen Gebieten benutzen zur Inspektion von Viehherden und Grenzzäunen auch heute noch das Pferd. Hoch zu Roß können sie nahe an die weidenden Rinder herankommen, ohne sie zu stören. Beim Ritt querfeldein ist der Rancher in engem Kontakt mit der Natur.*

Unten: *Pferd und Wagen wie hier unten gezeigt eignen sich nicht nur für die Arbeit, sondern auch ideal für kleinere gemächlichere Ausfahrten. Ein simpler Karren läßt sich durch Überdachung und Einbau von Tür und Fenster in ein Wohnmobil verwandeln. Für reisende Zirkusleute war dies früher das übliche Fahrzeug.*

Links: *Das in Rußland vor einen Heuwagen gespannte Arbeitspferd hat zusätzlich auch noch das Gewicht von drei Männern zu ziehen. Der vierrädrige Wagen ist selbstgebaut, die Hauptlast ruht auf Karrenboden und Rädern, was die Deichseln entlastet. Die Vorderachse ist mit einem Zapfen gelagert und dreht sich je nachdem, ob dem Pferd Links oder Rechts befohlen wird, unter dem Wagen. Das Zuggeschirr führt um die Hinterhand des Pferdes herum, so daß es sie nicht zu sehr ausstrecken kann. Würde das geschehen, liefe das Pferd Gefahr, sich an der Vorderkante des Karrens zu verletzen. Pferde, die über längere Zeit eine so schwere Last ziehen müssen, brauchen kräftige Beine.*

Links: *Schlittenfahrten sind in bestimmten Wintersportorten wie hier im schweizerischen St. Moritz sehr beliebt. Abgesehen davon, daß Touristen herumgefahren werden, sind Schlitten auch nützliche Transportmittel, um Vorräte zu den Hotels und Chalets an den Berghängen zu bringen.*

Unten: *Schaureiten der berittenen Polizei in Calgary, Kanada. Berittene Polizeieinheiten gibt es in vielen Ländern; sie werden zu zeremoniellen Anlässen ebenso eingesetzt wie bei Unruhen oder für Kontrollritte durch die Großstadtparks. Diese Pferde sind darauf getrimmt, selbst bei lautem Verkehrslärm, wogenden Menschenmassen oder unerwarteten Gefahren nicht auf die Hinterhand zu steigen oder auszukeilen.*

Arbeit und Vergnügen

Oben: Bei offiziellen Anlässen ziehen speziell ausgebildete Pferdegespanne die königlichen Kutschen. Diese Kutschen sind äußerst kunstvoll gearbeitet und teilweise mehrere hundert Jahre alt. Ehe die Pferde soweit sind, daß man sie vor die Kutschen spannen kann, müssen sie ein umfangreiches Trainingsprogramm durchmachen, um zu gewährleisten, daß mit so kostbarer Fracht nichts schief geht. Auch bei unvorhergesehenem Lärm oder anderen Störungen dürfen sie nicht durchgehen.

Unten: Die Polizeipferde werden oft bei Großveranstaltungen, die möglicherweise unfriedlich verlaufen, eingesetzt. Sie müssen auch mit schwierigen Situationen fertig werden; die Beamten wiederum müssen in jeder Situation mit dem Pferd richtig umgehen wissen.

103

Rechts: *Arbeitspferde in Nevada beim Rindertreiben. Pferde spielen im Leben der Farmarbeiter eine große Rolle. Es ist viel praktischer, den Männern ein Pferd zu geben als ein konventionelles Fahrzeug, denn zu Pferde läßt sich verirrtes Vieh noch aus dem schwierigsten Gelände herausholen. Wo immer Rinder auf der Suche nach Futter frei herumlaufen, können die Reiter ihnen ohne weiteres folgen.*

Unten: *Sind die Rinderherden zusammengetrieben, werden sie in den Korral gebracht, wo sie sich nach verschiedenen Gruppen sortieren lassen. Selbst bei dieser Arbeit bleibt der Reiter im Sattel, wenn er einzelne Tiere von der Hauptherde trennt, um so der Gefahr zu entgegnen, bei einer Stampede umgerissen und von den Füßen dieser schweren Rinder zertrampelt zu werden.*

Arbeit und Vergnügen

Rechts: Shire-Pferd bei der Arbeit. Bis zum Anfang des 20. Jahrhunderts konnte man die schweren Kaltblüter in den ländlichen Gebieten Großbritanniens überall sehen; damals besaß fast jede Farm ein Shire-Gespann. Heute erlebt man sie eher in Museumsdörfern, und es lohnt sich immer, sich eine Vorführung anzusehen und die Kraft und die Beherrschung dieser eindrucksvollen Pferde zu bewundern. Das gilt auch für die Fahrkünste der Farmarbeiter, wenn sie mit traditionellen Geräten umgehen wie dieser pferdegezogenen Sämaschine. Mit diesen alten Geräten umzugehen erfordert weit mehr Erfahrung und größeres Können als der Umgang mit modernen Maschinen. Das Ganze funktioniert überhaupt nur, wenn zwischen Mensch und Tier ein intensives Einvernehmen herrscht.

Rechts: *Die Kunst, ein Vierergespann wie dieses harmonisch zusammenarbeiten zu lassen und zu lenken, sieht ziemlich leicht aus. Doch das Gegenteil ist der Fall, denn jedes einzelne Pferd hat sein eigenes Temperament und kann auf die Stimme des Wagenlenkers ganz anders reagieren als die anderen Pferde. Er allein ruft sie an, lenkt sie gleichzeitig mit den Zügeln und der Peitsche, um alle vier in gleichmäßiger Bewegung zu halten. Die Tiere müssen sich immer den Gegebenheiten und der jeweiligen Position der Kutsche entsprechend verhalten. Diese Wettkampfart ist immer noch beliebt und geht bis auf die Römerzeit zurück. Damals wurden in den Stadien und um sie herum Streitwagenrennen ausgetragen.*

Arbeit und Vergnügen

Oben: *Gerade in der Kurve der Rennbahn messen die sechs Konkurrenten die Kräfte, und jeder versucht, als erster ins Ziel zu kommen. Es ist fast unmöglich, zu überholen, besonders, wenn die Pferde wie hier als Pulk zusammen laufen.*

Links: *Das Islandpony ist ein kräftiges, muskulöses Tier, das über lange Strecken sehr viel an Gewicht tragen kann. Der gedrungene Wuchs und die lange, flatternde Mähne samt Stirnlocke verleihen dem Pferd ein gewisses jugendliches und leicht wildes Aussehen, was dazu beiträgt, es zu einem beliebten Freizeitpferd zu machen.*

Arbeit und Vergnügen

Rechts: Diese beiden Ardenner haben offensichtlich keine Mühe, einen schweren Wagen über den Platz zu ziehen – ein Kinderspiel verglichen mit dem, was sie früher tagtäglich auf den französischen Bauernhöfen zu leisten hatten, denn damals begann der Arbeitstag bei Morgengrauen und endete erst, wenn es dunkel wurde. Wenn auch diese schweren Kaltblüter heute nicht mehr im selben Maß eingesetzt werden wie früher, weil moderne Ausrüstung und Technik ihre Rolle übernommen haben, so haben schwere Pferderassen dieser Art doch Besitzer, die die Rasse nicht aussterben zu lassen. Ohne sie hätten wir wohl kaum Gelegenheit, diese prachtvollen Geschöpfe auf Wettbewerben zu bewundern.

Unterhaltung für alle

Seit der Mensch das Pferd gezähmt hat, hat er mit seinem Können beim Umgang mit ihm gern großgetan und bei Wettbewerben Schnelligkeit und Geschicklichkeit vorgeführt. Durch die Entwicklung des Rades hat der Pferdesport in Form von Wagenrennen eine neue Dimension hinzugewonnen – im Grunde handelt es sich um eine Wettkampfdisziplin, an der die Cowboys auch heute noch ihre Freude haben, wenn sie schwere Wagen mit einem Gespann über die Arena ihres lokalen Rodeos fahren lassen. Überall in der Welt gibt es eine Vielzahl von aufregenden Sportarten und Wettkämpfen, die mit dem Pferd zu tun haben und zum Teil seit Jahrhunderten praktisch unverändert betrieben werden, zum Teil jedoch noch relativ jung sind. Bei einigen Sportarten geht es für die Besitzer um viel Geld, und die Pferde selbst sind bisweilen sündhaft teuer. Bei anderen haben wir es mit schlichten Wettbewerben zu tun, an denen jeder teilnehmen kann.

Eine Vorführung kann so formal ablaufen wie die disziplinierten, fast militärischen Übungen, die in der Spanischen Hofreitschule absolviert werden, wo die großrahmigen Lipizzanerschimmel in genau vorgeschriebener Abfolge „über der Erde", wie man sagt, kraftvoll von der untergetretenen Hinterhand eher in die Höhe als nach vorn schnellen (Croupade) und machtvoll nach hinten ausstreichen, oder nur auf der Hinterhand steigen (Levade oder Pesade), oder mit der Vorderhand in die Knie gehen. Im Gegensatz dazu Glanz und Glimmer des Zirkuspferds, das darauf trainiert ist, mit mehreren Akrobaten auf dem Rücken um die kleine Zirkusmanege herum zu galoppieren. Das Rodeo ist wieder auf eine ganz andere Art spektakulär; dabei geht es darum, zum Beispiel wilde Broncos zu reiten oder die hohe Kunst, einen Stier einzufangen. Jedes Land hat da seine Spezialität, vom „Skijoring" genannten Eisrennen in der Schweiz bis zum Bogenschießen zu Pferde in Japan. Viele dieser Sportarten und Schauvorführungen beruhen auf alten militärischen Traditionen aus jener Zeit, da die Kavallerie das Rückgrat einer Armee bildete und Pferde eigens mit dem Ziel gezüchtet wurden, mit den Bedingungen auf dem Schlachtfeld fertig zu werden. Es ist erstaunlich, bei wievielen populären Sportarten das Pferd eine Rolle spielt: vom Hindernisrennen bis zu Ballspielen, die so schnell und so furios gespielt werden wie Polo oder El Pato – eine viel Können erfordernde Art von Basketball zu Pferde. In der ehemaligen Sowjetunion gibt es bis zu vierzig verschiedene Pferdesportarten, unter anderem Ringen, Fechten und Speerwerfen – natürlich alles zu Pferde. Eine aufregende Sportart sind die Ausdauerritte – ein über lange Distanzen und schwerstes Gelände gehendes Wettrennen, bei dem den Pferden das Äußerste abverlangt wird und in dessen Verlauf die Pferde häufig auf Verletzungen untersucht und notfalls aus dem Rennen genommen werden. Vielleicht haben Sie Lust, nicht nur zuzusehen, sondern selbst an einem Wettbewerb teilzunehmen, auch wenn das Ereignis nicht ganz so aufregend ist wie die oben beschriebenen. Das Erlebnis, ein Pferd im Wettstreit um eine Plakette zu reiten, kann schon befriedigend genug sein. Die kleinsten Dreikäsehochs können bei lokalen Wettbewerben in der Kinderklasse teilnehmen, wohingegen ältere Reiter vielleicht lieber an Geländeritten oder – fein herausgeputzt und nach Perfektion strebend – am Schauspringen teilnehmen. Aber nicht bei allen reiterlichen Aktivitäten geht es um Wettkämpfe; ein mit genußvoller Muße zurückgelegter Ritt durch Feld und Wald oder ein Abenteuerurlaub zu Pferde in etwas wilderen Gefilden kann genausoviel Spaß bringen.

Oben: *Spiele wie der hier gezeigte Hindernislauf können Pferd wie Reiter gleichermaßen Spaß machen und ihre gute Zusammenarbeit unter Beweis zu stellen.*

Links: *Wenn man gern reitet und auch Lust am Abenteuer hat – was könnte da schöner sein als ein mehrtägiger Ritt durch die Rocky Mountains?*

Rechts: *Planwagenrennen sind schnell und oft gefährlich. Die Wagen werden von einem Vierergespann gezogen wie hier bei der berühmten Calgary Stampede in Kanada, einem der beliebtesten Rodeo-Ereignisse überhaupt.*

Unterhaltung für alle

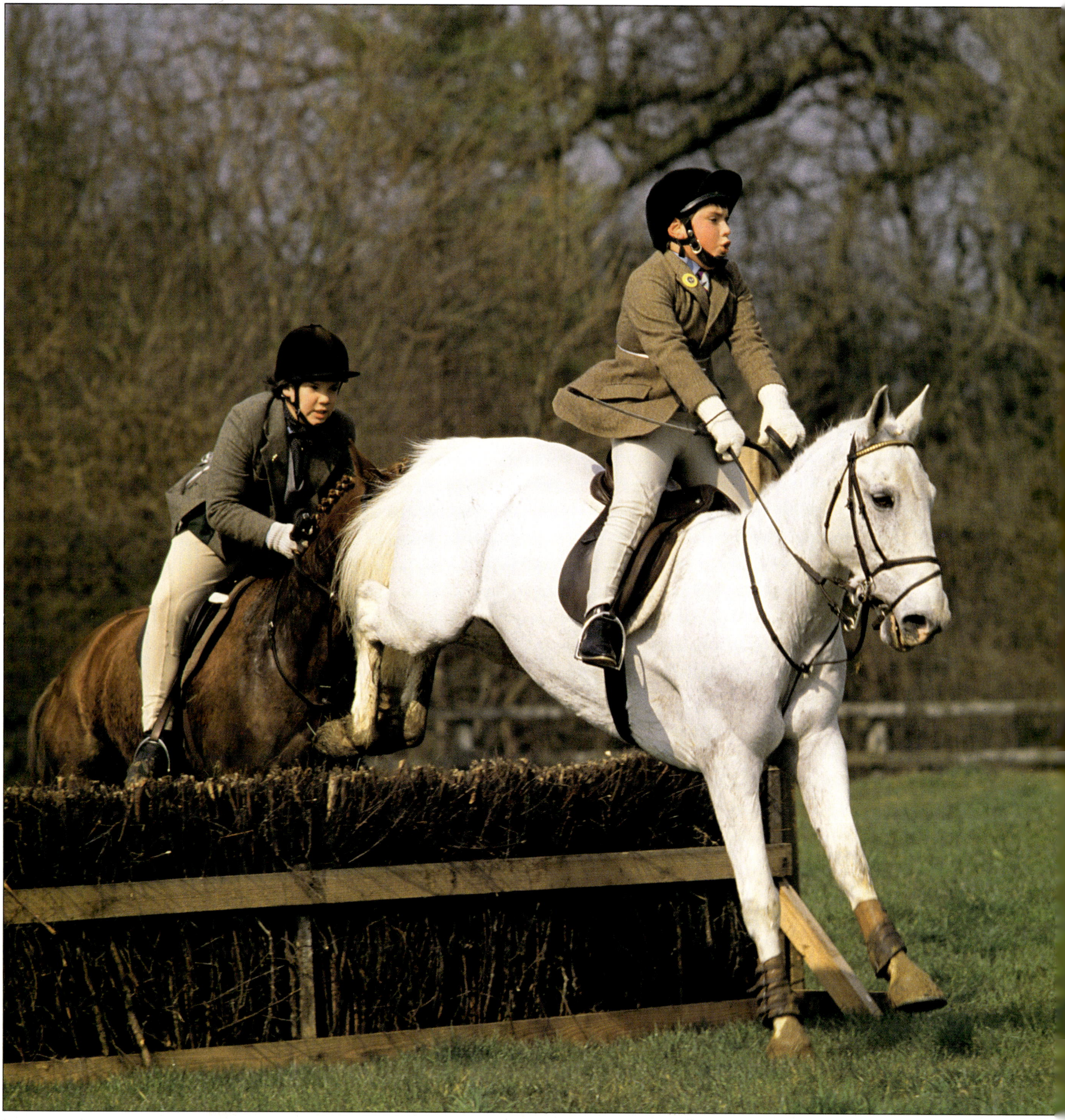

Unterhaltung für alle

Links: Pony-Clubs machen viel Spaß und bieten eine ausgezeichnete Gelegenheit, die Reitfähigkeiten zu verbessern. Unter Anleitung erfahrener und qualifizierter Reiter lernen die begeisterten Jungreiter eine Vielzahl von Übungen und Hufschlagfiguren und bekommen bei regelmäßigen Treffen oder vielleicht einem Reitercamp eine Menge praktischer Tips. Die Schüler erhalten neben dem Reitunterricht auch Ratschläge für die richtige Haltung der Pferde und die Stallführung. Die Teilnehmer lernen an Spielen, daß nicht alles in der Pferdewelt ernst genommen werden muß. Zu den Spielen können Ritte in Phantasiekostümen, Stafetten- und Hindernisritte ebenso gehören wie Äpfelaufheben vom Pferd aus.

Unten: Pferd und Reiterin auf dem hier gezeigten Bild sind für einen wichtigen Schauwettbewerb tadellos zurechtgemacht. Möchte man an solchen Wettbewerben teilnehmen, legt man besonderes Augenmerk darauf, daß die Kleidung des Reiters, das Zaumzeug und der Sattel des Pferdes schon vor der Wertung den Vorschriften entsprechen und tadellos sitzen; denn Verstöße werden vermerkt und entsprechende Punkte bei der Gesamtbewertung abgezogen. Es kommt sogar vor, daß Teilnehmer von einer bestimmten Veranstaltung ausgeschlossen werden, bloß weil z.B. der Reiter oder die Reiterin keine Handschuhe trägt. Um einen guten Eindruck zu machen, striegelt man sein Pferd besonders sorgfältig.

Links: Einem Wettbewerb sehen die Teilnehmer mit viel Vergnügen und einigem Herzklopfen entgegen. Es ist nicht nur eine Gelegenheit, in einer Reihe von Disziplinen das reiterliche Können unter Beweis zu stellen, sondern oft auch ein gesellschaftliches Ereignis, bei dem Pferde und ihre Besitzer sich begegnen, man Freundschaft schließt und Neuigkeiten austauscht. Dazu gehören, sofern es sich um jüngere Reiter handelt wie hier, auch die Eltern. Beim Wettbewerb kann man nicht nur sein Pferd herausstellen und die eigenen normalen Reitkünste vorführen, sondern auch speziellere Fertigkeiten. Zu den meisten Wettkämpfen gehören ein paar Sprünge, sogar schon in den Kinderklassen, und manche von den kleinen Ponys bewältigen erstaunlich hohe Hindernisse. Wenn auch die Birkenricks viel niedriger sind, sollten jüngere Reiter, die gern ihre Springkünste zeigen möchten, genügend Zuversicht mitbringen und sicher sein, daß sie und ihr Pferd genug geübt haben.

Rechts: Welchen wohltuenden Nutzen das Reiten insbesondere bei Körperbehinderten haben kann, ist längst nicht mehr strittig, und es gibt eine Menge Reitschulen, die besonders auf die Bedürfnisse von Rollstuhlfahrern oder anderen Behinderten eingehen. Sich möglichst viel Wissen über Reitpferde anzueignen und die Verantwortung für die Pflege eines Pferdes zu übernehmen, erweist sich als physisch wie psychisch anregend. Es ist erstaunlich, wie beweglich und aktiv selbst ein ernstlich behinderter Mensch werden kann, wenn er erst einmal auf einem Vierbeiner sitzt. All das wäre selbstverständlich nicht möglich ohne die selbstlose Unterstützung der Helfer, von denen viele ihre wertvolle Zeit freiwillig dafür zur Verfügung stellen.

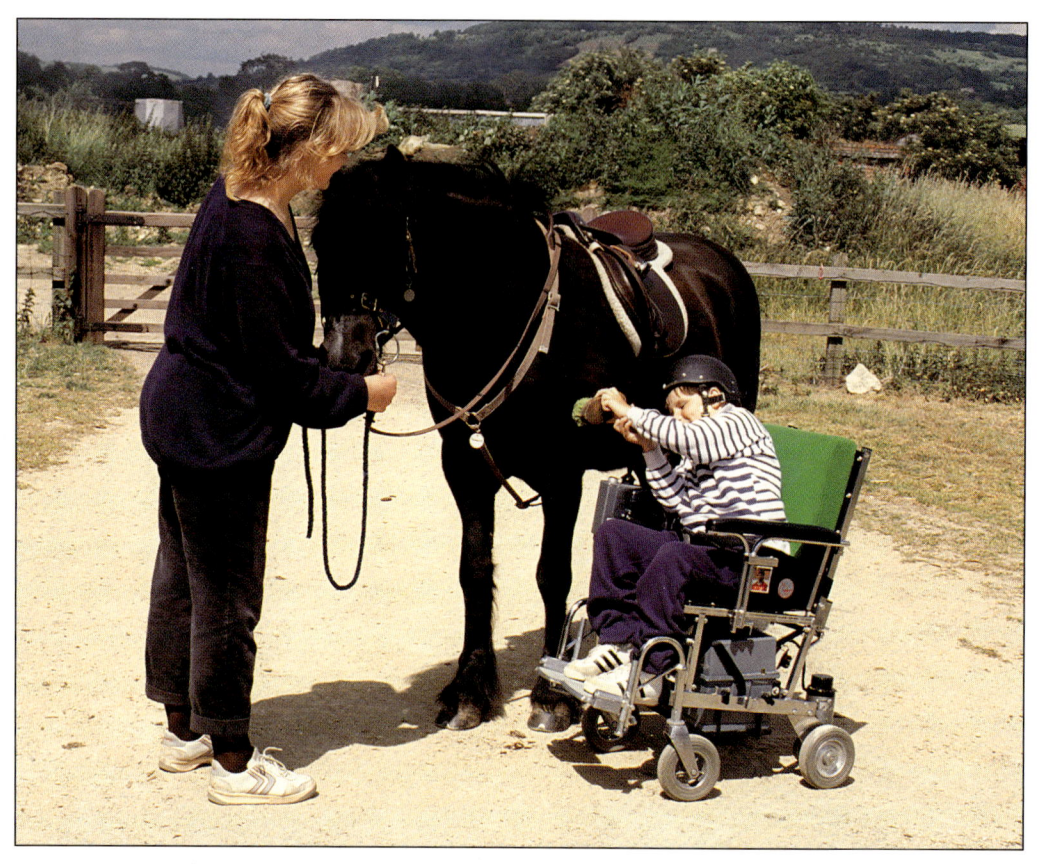

Rechts: Wandern zu Pferde kann für den erfahrenen Reiter wie für den Anfänger ein wunderbarer Ferienspaß sein. Gewöhnlich kann man sein eigenes Pferd mitbringen oder aber eines mieten. Ein qualifizierter Führer kennt den Weg, und unterwegs übernachtet man in Blockhäusern oder Chalets. Die Pferde müssen ausdauernd und kräftig sein.

Unten: Wintersportzentren haben weit mehr zu bieten als Skilaufen und Schlittenfahren. Pferde gehören hier einfach dazu und sind das ideale Mittel, um die Gegend zu erkunden. Diese Kinder genießen einen belebenden Ritt auf dem Pony durch knirschenden Schnee. Vielleicht nehmen ihre Eltern sie später auf eine Fahrt im traditionellen Pferdeschlitten mit.

Unterhaltung für alle

115

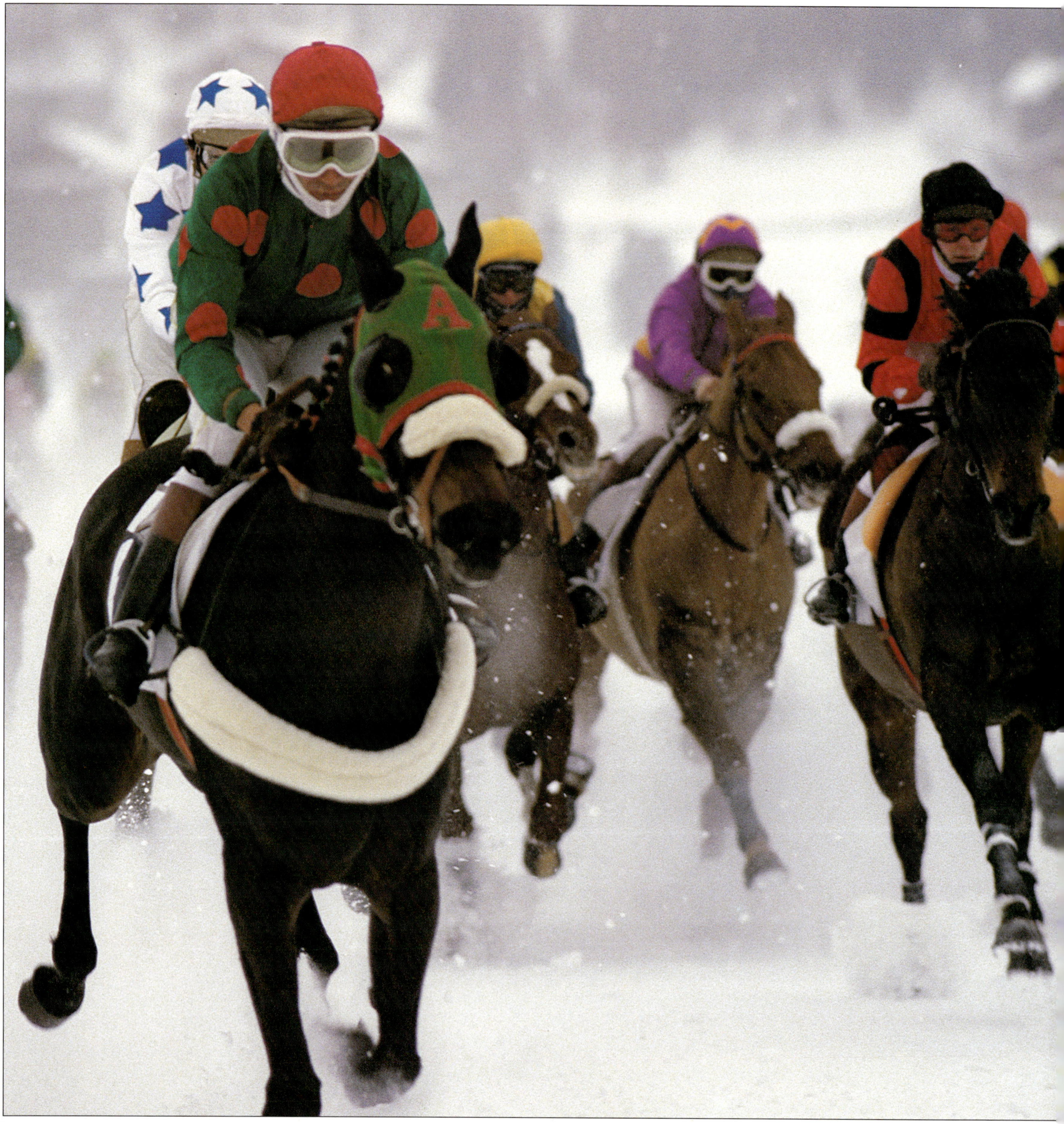

Unterhaltung für alle

Links: Pferderennen sind seit griechischer Zeit ein beliebter Sport mit festen Regeln und finden überall auf der Welt statt, auf dem Rasen, auf Sand und auf Schnee und Eis. Die Pferde sind hochgezüchtete und hochmotivierte Renner wie beispielsweise das Englische Vollblut, das über zweieinhalb Jahrhunderte hinweg genau für diese Anforderungen gezüchtet wurde.

Rechts: Springen erfordert, wenn das Hindernis erfolgreich genommen werden soll, größte Konzentration von Reiter und Pferd. Der Absprung muß genau zum richtigen Zeitpunkt erfolgen: zu früh, und man landet mittendrin und das Pferd verletzt sich möglicherweise; zu spät, und die Hinterhand des Pferdes kann hängenbleiben.

Unten: Angehörige des Cadre Noir von der Kavallerieschule im französischen Saumur führen ihre kraftvollen Pferde durch alle Gangarten – dazu gehören Dressurreiten und Schauspringen ebenso wie Military-Techniken.

Links: *Trickreiten gehört zu den Höhepunkten des Tages bei der Calgary Stampede. Dieser in leuchtendes Lila gekleidete Reiter hängt kopfüber am Pferd, während es durch den Ring galoppiert. Zu dieser Art von Kunstreiterei gehört große Körperkraft.*

Unterhaltung für alle

Unten: *Auf dem galoppierendem Pferd mit dem Lasso ein Rind einzufangen ist wahrhaftig nicht einfach. Man muß den Zeitpunkt und die Bewegung richtig wählen, um das Lasso über den Kopf des Rinds zu werfen, so daß es sich um dessen Hals legt.*

Rechts: *Obwohl die berühmten Wildpferde der grenzenlosen amerikanischen Prärien nahezu ausgestorben sind, bildet das Mustang- oder Bronco-Reiten immer noch einen wichtigen Teil der alljährlichen Rodeos in den USA und Kanada.*

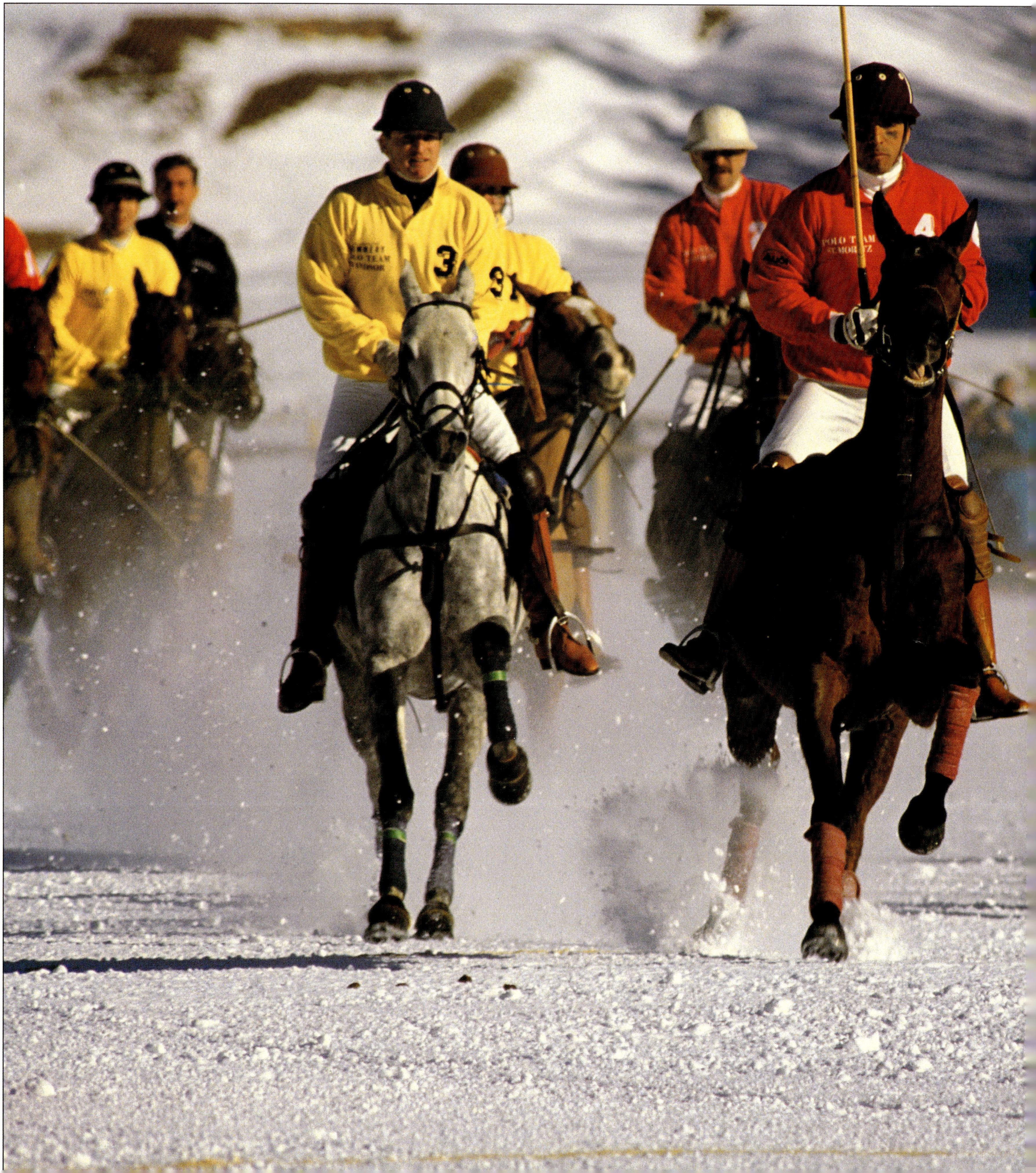
POLO TEAM
ST.MORITZ

Unterhaltung für alle

Links: Das Polo-Spiel gehört zu den ältesten Sportarten der Welt. Ursprünglich kommt es aus Persien, wo die Kreuzritter es kennenlernten. Polopferde müssen Spitzenpferde sein – schnell und intelligent und trotzdem robust und mit stählernen Nerven ausgestattet. Das Spiel ist aufregend, aber außerordentlich anstrengend. Jeder Spieler benötigt zwei bis drei Pferde, damit die Tiere nach jedem Spielabschnitt ausruhen können. Aus diesem Grunde steht Polo im Ruf, ein teurer Sport zu sein. Dabei ist es alles andere als ein Zeitvertreib für verwöhnte Gentlemen, sondern vielmehr ein rauher bis roher, harter und gefährlicher Sport. Der Reiter braucht ein starkes Einfühlungsvermögen für sein Pferd und großes Können, um den hölzernen Ball mit dem langen Schläger zu treffen. Pferd und Reiter gehen durch eine lange Ausbildung, um beim Polo Erfolg zu haben.

Register

Fette Seitenzahlen verweisen auf Hauptfundstellen, kursive auf Bildunterschriften, normale auf kurze Fundstellen.

A

Abzeichen **12**, *21*
Ägypten 11
Akhal-Teké *15*
Amerikanisches Reitpony *41*
Anbinden *100*
Andalusier *16*, *51*
Angloaraber *14*
Appaloosa *12*, *41*, *42*
Araber *15*, *20*, *41*, *46*, *51*, *66*
Arbeitspferde *34*, *36*, **98**, *98*, *101*, *102*, *103*, *104*, *105*
Ardennais du Nord *36*
Ardenner *36*, *37*, *44*, *109*
Augen *76*, *85*
Ausbildung *32*, **86**, *86*, *88*, *89*, *90*, *91*, *94*, *124*
Auslauf *54*, *66*,
Ausrüstung *60*, **66**, *66*

B

Behindertentherapie *114*
Belgier *37*
Belgisches Kaltblut *Vor- und Nachsatz*
Berber *48*
Bogenschießen *11*, *110*
Boulonnais *34*
Brabanter *36*
Brauner *14*
Bretone *18*
Bronco *20*, *110*, *119*
Bürsten *79*

C

Cadre Noir *46*, *52*, *117*
Cayuse *20*
China *11*
Clydesdale *5*
Cremello *14*

D

Deckhengst *24*, *26*
Distanzreiten *110*
Dressurpferd *52*, *56*
Dressurreiten *73*, *86*, *89*, *92*

E

El Pato *110*
Englisches Vollblut *46*, *51*, *117*
Entwicklungsgeschichte des Pferdes **10**
Eohippus *10*

F

Falabella *34*, *42*, *56*
Falbe *14*
Farbe *12*, **14**
Fieber *84*
Fohlen *22*, *26*, *29*, *30*, *32*, *86*
Fortpflanzung **22**
Französisches Reitpferd *44*
Fuchs *14*
Furioso *50*
Futter *81*
Fütterung *80*, *81*

G

Gangarten *49*
Gebiß *58*, *85*
Geburt **22**, *26*
Gelenkschoner *72*
Geschirr *54*
griechische Zeit *11*

H

Haflinger *42*
Halbblüter *44*
Herdeninstinkt *33*
Hindernisrennen *92*, *110*
Hufpflege *76*, *76*
Hyracotherium *10*

I

Indianer *11*, *12*
Isabelle *14*
Islandpony *108*

J

Japan *11*, *110*
Jütländer *36*

K

Kaltblüter *12*, *17*, *18*, *34*, *36*, *37*, *38*, *44*
Kaufuntersuchung *58*, *59*
Kavallerieschule Saumur *52*, *117*
Kentucky Saddler *49*
Kolostralmilch *26*
Körperbau *10*, **11**
Körperteile des Pferdes *14*
Krankheiten **76**, *84*
Kriegspferde *11*, *34*, *36*, *52*
Krippe *80*
Kuhaylan *20*

L

Lebenszyklus **22**
Lipizzaner *30*, *94*, *110*
Lob *86*
Longieren *33*, *86*

M

Mähneflechten *21*, *79*
Maultier *34*, *48*
Miniaturpferde *34*, *40*, *42*, *56*
Moorponys *52*
Muniqi *20*
Murakoz *37*
Mustang *8*, *20*, *119*

N

Noriker *37*

P

Paarung **22**
Packpferde *98*
Paint-horse *12*
Palomino *14*, *21*
Parasiten *76*
Percheron *12*, *17*, *34*, *37*
Perderassen **34**
Pferdedecke *66*
Pferdedressur *44*, *46*, *88*
Pferdegespann *103*, *106*
Pferdekauf **54**
Pferdepflege **76**, *76*
Pferderennen *40*, *44*, *53*, *56*, *110*, *117*
Pferdeverhalten *22*, *22*, *26*, *29*, *33*
Pferdezucht **44**
Piebald *12*, *16*, *18*, *42*
Pinto *12*, *16*, *18*
Polizeipferde *98*, *102*, *103*
Polo *110*, *121*
Pony-Club *113*
Przewalski-Pferd *10*, *11*
Putzen *76*

Q

Quarterhorse *53*, *56*

R

rack *49*
Rangordnung *33*
Rappe *14*
Reithalfter *72*
Reitkleidung *65*, *66*, *73*, *113*
Reitstiefel *66*
Rennpferd *44*, *92*
Ritter *11*
Rodeo *20*, *56*, *110*, *110*, *119*
römische Zeit *7*, *10*, *11*

S

Saddle Horse *49*
Saqlawi *20*
Sattel **66**, *71*, *72*
Schecke *14*
Scheren *80*
Scheuen *88*

Register

Schimmel 14
Schweifflechten 78
Schweifpflege 21, 76, 78
Sehnenzerrung 58
Sexualtrieb 22
Shetland-Pony 34, 40, 41, 42
Shire-Pferd Vor- und Nachsatz, 34, 37, 38, 44, 105
Skewbald 12, 16, 42
Skijoring 110
slow gait 49
Spanische Hofreitschule 16, 30, 52, 94, 110
Sportpferd 44
Springen 117, 124
Springpferd 54, 60, 90, 91, 94
Springtraining 90, 91
Stall 54, **66**, 66, 71, 74, 75, 80
Stallhalfter 32
Steppen-Tarpan 11
Stockmaß 14
Stute 22, 22, 24, 26, 29, 30
Suffolk Punch 36, 38

T
Tadel 86
Tierarzt 58, 59, 76
Tigerschecke 14
Tobbiano 18
Traber 18
Tragezeit **22**, 26
Trait du Nord 36
Transport 69, 72
Trickreiten 118

U
Unarten 59
Ungeziefer 76

V
Verletzungen **76**, 84
Vollblüter 44, 50, 51

W
Wagenrennen 10, 11, 110, 110
Wald-Tarpan 10
Wanderreiten 52, 114
Warmblåter 44, 51
Wasserscheu 90
Welsh Cob 62
Welsh Mountain Pony 62
Welsh-Pony 22, 29, 43, 62
Wettbewerbe **110**, 110, 113
Wildpferde 8, 11, 20, 22, 33
Wintersport 114

Z
Zaumzeug 32, 60, **66**, 66, 71, 72
Zaun 54
Zirkuspferd 46, 88, 110
Zuggeschirr 101
Zugpferde 34, 36, 37, 38, 101, 103

Bildnachweis

Der Verlag dankt Bob Langrish für die meisten Bilder dieses Buches.

Die Fotos folgender Seiten stammen von C. M. Dixon: Haupttitelseite; 10 o.r., u.r.; 11 u.l., u.r.

Rechts: Wenn man sein Pferd oder Pony sicher beherrscht, kann man damit beginnen, über niedrige, einfache Hindernisse zu springen. Mit der nötigen Übung findet man dann vielleicht zum Springreiten, einem aufregenden Sport, der Teilnehmer und Zuschauer gleichermaßen begeistert. Hier sind die Ziele hoch gesteckt und die Fehlertoleranz extrem gering; es zählt buchstäblich jede Sekunde und jeder Zentimeter, um ein Turnier zu gewinnen oder zu verlieren. Ein erfolgreiches Springpferd sollte gut gebaut sein, mit langer Schulter, gut gewinkelten Beinen und leichten, gleitenden Bewegungen.